Karam Khella

Der Erste Weltkrieg
und der Süden

Der Erste Weltkrieg
und der Süden

– 2. Auflage 2018 –
ISBN 978-3-939710-04-2

Theorie und Praxis Verlag
Goldbachstr. 2
D 22765 Hamburg
Tel: 040 – 38 61 38 49

info@tup-verlag.com
www. tup-verlag.com

Inhaltsverzeichnis

5. Die Ergebnisse des Ersten Weltkriegs

6. Zur Theoriebildung

7. Die Zeit zwischen den Kriegen ist Krieg

1919-1939

VORWORT

Zur 2. Auflage

Wir leben im Krieg. Wir zerbrechen uns den Kopf: Warum Krieg? Wie lange noch Krieg? Wer bezahlt den Preis für den Krieg? Wie verstehen wir den Krieg? Ist Frieden wirklich eine zu ferne Utopie?

Der Autor war mit diesem Fragenkomplex konfrontiert und hat sich entschlossen, sich ihm zu stellen. Schon von Berufs wegen habe ich mich entschlossen, das Thema ‚Krieg' zu thematisieren und im Rahmen eines eigenen Seminars zu behandeln. Mit großer Beteiligung von Studierenden und Lehrpersonen haben wir uns dem Lehrstoff ‚Krieg' gewidmet. Über Jahre hat das Seminar zum Thema Krieg einmal wöchentlich getagt. Im Anschluß an die Vorlesung wurden lebhafte Debatten geführt.
Die Entscheidung dafür, das Lehrmaterial zum Thema Krieg für den Druck aufzubereiten, war rasch getroffen, die Realisierung dauerte jedoch viel länger als ursprünglich angenommen. Da ich den Lehrstoff frei vortrage, mussten die Inhalte erst verschriftet werden. Dieser Schritt wurde mir allerdings dadurch erheblich leichter gemacht, indem Kommilitonen bereits Aufnahmen der Vorlesungen auf Tonträgern festgehalten haben. Diese Aufnahmen mussten transkribiert werden. Mir fiel die Aufgabe zu, die Skripte zu lesen, zu korrigieren und zu ergänzen. Nicht Jahre, sondern zwei Jahrzehnte waren erforderlich, bis aus dem Material eine öffentlich brauchbare, allen zugängliche Publikation fertig gestellt werden konnte. Bis zu diesem Ergebnis war eine harte und langwierige Arbeit vieler Menschen notwendig. Die Publikation behält die Systematik der mündlichen Vorlesungen bei. Ich habe mich für das historische Herangehen entschieden. Es hat sich bewährt und wird im gedruckten Werk bei- behalten.

Ich freue mich sehr, daß nun das Thema ‚Krieg' in einem überschaubaren Umfang veröffentlicht werden kann.[1] Nicht versäumen möchte ich, allen Beteiligten aufrichtig und herzlich zu danken für ihre lange und kontinuierliche Arbeit. Aber mit dem Ende der Redaktion ist noch kein Ende des Krieges in Sicht. Dafür müssen wir noch weiter arbeiten. Jetzt sind wir durch die hinzukommenden

---

[1] Von den fünf geplanten Bänden sind bereits erschienen: ‚Imperialismus heute – Krieg und Frieden – Jederzeit, überall, mit allen Waffen', ‚Chronik des Krieges' und mit diesem Buch ‚Der erste Weltkrieg aus Sicht des Südens'. Als nächstes wird das Materialheft ‚Von den Kreuzzügen bis 1885' bearbeitet und veröffentlicht werden und im Anschluß ‚Der zweite Weltkrieg'.

LeserInnen und Kriegsgegner viel mehr geworden. Die Menschheit hat Anspruch auf Weltfrieden und wird ihn realisieren. Das ist ein wesentlicher Wunsch und Ziel unserer Veröffentlichungen.

Karam Khella im März 2016

Vorwort

Das Konstrukt „Erster“ und „Zweiter Weltkrieg“

Das Konstrukt „Erster Weltkrieg“

Das Konstrukt „Erster“ und „Zweiter Weltkrieg“ suggeriert zeitlich und räumlich voneinander losgelöste Kriege. Es verschleiert die Tatsache, daß der europäische Krieg gegen die Völker nie aufgehört hat. Sollte es je eine Pause gegeben haben, dann diente sie nur der Vorbereitung des nächsten Krieges. Wenn wir die Geschichte nicht wie üblich chronologisch von der Vergangenheit in die Gegenwart darstellen, was natürlich sinnvoll ist, sondern sie umgekehrt, retrospektivisch, von der Gegenwart in die Vergangenheit, zurückverfolgen, stellen wir fest, daß die europäischen Kriege systemisch bedingt sind. Sie folgen aufeinander, weil Gesellschaft und Wirtschaft auf Krieg aufbauen. Jeder Krieg geht mit dem nächsten schwanger. Wir stellen fest, daß die Kriegsverbrechen in der Zeit des „Nichtkriegs“, z.B. vom Ende des Ersten bis zum Beginn des Zweiten Weltkriegs, nicht weniger blutig waren als während der zwei Weltkriege. Die europäischen Aggressionen zwischen 1919 und 1939 werden nur kraft Definitionsgewalt nicht als Kriegszeit betrachtet. Damit verschwinden die Kriegsverbrechen dieser Periode aus der Geschichtsschreibung und aus dem Bewußtsein. Mit ihnen verschwindet auch das Bewußtsein von Gewalt und Unrecht gegen die Völker.

Was wir bei der Rückverfolgung von Geschichte für die Zeit von 1919-1939 gesagt haben, gilt ebenso für die Zeit vor dem „Ersten Weltkrieg“. Willkürlich ist ebenfalls der Einschnitt 1914, so als ob alle anderen Aggressionen, die vorher verübt wurden, nicht existiert hätten. Es brannte überall, z.B. in Nordafrika, in Marokko, in Algerien, in Tunesien, in Libyen, in Abessinien, in Indien, in China und anderswo. Es ist nicht einzusehen, warum der Erste Weltkrieg am 28. Juni 1914 mit Sarajevo begonnen haben soll.

Wir nennen einige Beispiele von Aggressionen, die Europa gegen die Völker führte, die nicht als Ereignisse des Weltkriegs registriert werden:

– Die Aggression und der Genozid gegen das marokkanische Volk im Jahr 1907, die sich zu einer breitflächigen Aggression Frankreichs und Spaniens ge-

gen Marokko ausdehnten. Dieses Kriegsverbrechen wird in der europäischen Literatur als „Marokko-Krise (1907)" verharmlost und nicht einmal als ein Angriff im Rahmen eines real bestehenden Weltkriegs, den Europa gegen viele Völker führte, angesehen.
Für Marokko – um beim Beispiel zu bleiben – war der (erste) Weltkrieg schon lange in seine heißeste Phase getreten, bevor er erklärt wurde und für die europäischen Aggressoren erst begonnen haben soll. Gegen Marokko hat Europa nicht einen vierjährigen Krieg, sondern eine Daueraggression von exakt einem halben Jahrhundert – von 1907 bis 1956 – geführt. Die sog. „erste Marokkokrise" eskalierte 1911 zu einer sog. „zweiten Marokkokrise", in der die Bevölkerung des Landes einer erbarmungslosen Aggression durch Frankreich und Spanien ausgesetzt wurde. Als 1918 die Waffen in Europa ruhten, setzten Spanien und Frankreich den Krieg gegen Marokko weiter fort. Anfang der 1920er Jahre erhielten sie deutsche Unterstützung. Deutschland lieferte Giftgas, wodurch der Völkermord an Marokkanerinnen und Marokkanern verübt wurde. Die eingesetzten Massenvernichtungswaffen sind immer noch wirksam. Bis heute sterben MarokkanerInnen an den Spätfolgen des Giftgases. Boden und Gewässer wurden verseucht. Die während und nach dem zweiten Weltkrieg von Frankreich in Nordafrika eingesetzten Streubomben und Streumunition töten heute noch Zivilisten aller Altersstufen.

Den Weltkrieg vor dem Weltkrieg haben die Europäer gegen außereuropäische Völker geführt. Es war nicht der Krieg eines Heeres gegen ein anderes. Vielmehr handelte es sich um schwerbewaffnete Armeen, die unvorbereitete, friedfertige Völker überfielen. Die Europäer führten keinen Krieg, sondern verübten Gemetzel und Völkermord. Diesen Krieg der Europäer gegen die Völker der Welt haben die Europäer bis heute offensichtlich noch nicht registriert.

Die Konstrukte „Erster Weltkrieg" und „Zweiter Weltkrieg" sind kein Versehen. Sie sind Bestandteil des Systems, die europäischen Verbrechen gegen die außereuropäischen Völker voll auszublenden. In der Tat wirkt sich das Verschweigen der Aggressionen gegen die Völker Asiens, Afrikas, Süd- und Mittelamerikas deutlich im heutigen Bewußtsein der europäischen Menschen aus. Sie sind sich keinerlei Schuld bewußt.

Die blutigsten Jahre ihrer ganzen Geschichte haben die Völker der Dreikontinente seit 1885 erleben müssen. Den Europäern wurde der Kolonialismus nicht leicht gemacht. Im gesamten Süden wurde zum Widerstand aufgerufen.

Beispiele

Feuerland: Nach 1520 wurde seine indigene Bevölkerung durch die Europäer restlos vernichtet.

Kongo: Im Jahr 1900 lebten im Kongo 60 Millionen Menschen, 1927 waren es nur noch 3 Millionen.

Äquatorialafrika: Im Jahr 1900 lebten in Äquatorialafrika 9 Millionen Menschen. 1914 waren es nur noch 5 Millionen.

Libyen: Die italienische Zeitung „La Stampa" erschien 1911 mit einem Leitartikel: „Dies ist das Land, das uns von der Vorsehung zugesprochen ist". Das Land, das die Verheißung für Italien vorgesehen hat, soll Libyen gewesen sein. Mit großem Enthusiasmus meldeten sich Soldaten, Abenteurer, Siedler und Straffällige für den Einsatz in Libyen. Sie waren entschlossen, die libysche Bevölkerung zu vernichten, um das „gelobte Land" für sich zu haben. Viele dieser Soldaten sind nicht mehr nach Italien zurückgekommen. Sie starben, nachdem jeder von ihnen eine Anzahl von Libyern ermordet hatte. Die Formel lautete, ein Italiener hatte vor seinem Tod zwanzig Libyer ermordet. Als der Erste Weltkrieg 1918 für beendet erklärt wurde, geht er erst richtig gegen das libysche Volk los. Die Italiener führten keinen Krieg gegen die Libyer, sondern begingen Völkermord.

Daß europäische Historiker vieles nicht registriert haben, ist nicht zu entschuldigen. Daß aber die Täter dieses Unrecht nicht anerkennen, nicht wiedergutmachen und nicht ihren Schülern im Unterricht vermitteln, ist ein Aspekt der Fortsetzung des Verbrechens.

Es ist nicht zu leugnen, daß Italien bis zum Niedergang des Faschismus damit befaßt war, andere Völker zu vernichten, um deren Territorien zu besetzen und die Ressourcen auszuplündern. Daß aber europäische Kriegshistoriker diese Tatsache zwar nicht völlig ignorieren, wohl aber marginalisieren und verharmlosen, verrät nur die Absicht, nicht mit Aggressionen aufhören zu wollen.

1. Der Weg in den Krieg

Als die Glocken das Neujahr 1914 einläuteten, war das kein guter Rutsch ins Neue Jahr. Die Menschen lebten seit längerem nur in Kriegsstimmung: Alle reden vom Krieg. Alle machen Krieg. Die einen haben Angst vor dem Krieg. Die anderen jubeln für den Krieg. Der große angekündigte Krieg hat noch nicht begonnen.

I. Die Mobilmachung

Der kapitalistisch-imperialistische Staat versucht im Krieg, seine Krise auf andere abzuwälzen. Klassenkämpfe werden in Aggressionen nach außen umgeleitet, während sich nach innen eine nationale Front bildet. Arbeitslosigkeit stellt im Krieg kein innenpolitisches Problem mehr dar. Alle sind beschäftigt – für den Krieg und im Krieg. Die soziale Frage wird militärisch gelöst. Die innere Krise wird nach außen exportiert.

Die Mobilmachung wird mit gemischten Gefühlen aufgenommen. Von ihr hängt das Kriegsgeschehen ab. Sie ist die öffentliche Beteiligung am Krieg. Ohne Rekruten kein Krieg. Wenn sie einrücken, sagen sie ja zum Krieg. Sie gehen zum Krieg. Sie machen Krieg. Sie haben den Krieg, den sie gewollt haben und den sie hinterher nicht gewollt haben wollen.

Der „Erste Weltkrieg" fand schon seit Jahren statt, bevor er 1914 erklärt wurde. Die europäischen Aggressionen gegen afrikanische, asiatische und arabische Völker hatten seit Jahrzehnten keinen Stillstand erreicht. Die europäischen Historiker scheinen davon noch nichts gehört zu haben, sonst würden sie den Anfang des „Ersten Weltkriegs" nicht mit dem Jahr 1914 ansetzen.

Der europäisch-europäische Krieg bewirkte, vom eigentlichen Globalkrieg, den die Europäer seit Jahrzehnten an vielen Fronten in allen Kontinenten führten, abzulenken. Auch die potentiellen Widerstandskämpfer gegen den europäischen Kolonialismus konnten teilweise für den Krieg auf dem europäischen Kontinent mit dem Versprechen gewonnen werden, daß nach dem (europäisch-europäischen) Krieg ihre Länder befreit werden.

a) Der Ruf nach Krieg (1)

Die Besetzungen, die England, Frankreich und Deutschland seit 1885 in den südlichen Kontinenten vornahmen und die Funktionalisierung der besetzten Länder für kolonialistische Interessen, brachten den heimgesuchten Völkern größte Schäden.

Die kolonialistisch-imperialistischen Staaten hingegen konnten durch die grenzenlose Ausbeutung dieser Länder entsprechend akkumulieren; die Kapitalanlagen in den europäischen Banken verzeichneten sprunghaften Anstieg ohne Stillstand. Die Überakkumulation entwickelte ihre Eigendynamik: mehr Investitionen, mehr Produktion und mehr Verbrauch. Der militärisch-industrielle Komplex forderte mehr Aufträge und Expansion und bekam sie. Aus dieser Logik heraus musste ein Krieg inszeniert werden.

Dazu kam die Rivalität unter den kolonialistischen Staaten, die nach einer Umverteilung des bereits verteilten Südens strebten.

Nicht zu unterschätzen waren auch die inneren sozialen Gegensätze in den imperialistischen Staaten.

b) Der Ruf nach Krieg (2)

Die Menschen sind dem Kriegsruf gerne gefolgt. Die Begeisterung war groß. Als der Kriegsplan dem Reichstag vorgelegt und die Zustimmung zu den Kriegskrediten gefordert wurde, haben alle Parteien, alle Abgeordneten, Rechte, Konservative und Linke (sowohl Sozialdemokraten wie Kommunisten) unbedenklich ‚Ja' gesagt. Die Protokolle registrieren eine einzige Nein-Stimme, die des Abgeordneten Karl Liebknecht.

Die Aufarbeitung der Mediendarstellung vor dem 28. Juni 1914 bringt einige auffällige, ja aufregende Beobachtungen ans Tageslicht.

1. Der Krieg wird als etwas Unvermeidbares, Unabwendbares präsentiert. Er muß stattfinden. Er wird stattfinden.
2. Friedliche Optionen und die Möglichkeiten politischer, gütlicher Regelungen werden nicht ernsthaft thematisiert. Sie werden suggestiv ausgeschlossen oder nicht erst auf die Tagesordnung gebracht. Im Regelfall verschwinden sie aus der Berichterstattung.
3. Es fällt besonders auf, daß die Propaganda für den Krieg in allen kriegsrelevanten Hauptstädten gleichzeitig ausgebrochen ist: In Wien, Berlin, Paris, London, Moskau, Petrograd, aber auch anderswo.

Offensichtlich besteht ein Konsens unter den Kriegsparteien, nämlich der über die Notwendigkeit und Unvermeidbarkeit des Kriegs. Die Tendenz war in etwa: Wir werden uns an der Front begegnen. Diese Fragen müssen militärisch entschieden werden.

Die naheliegende Lösung – z.B. durch Verhandlungen, Konzessionen, Kompromisse den Konflikt zu regeln – wird a priori als aussichtslos oder gar indiskutabel ausgeschlossen.
Das ist wohl ein Paradoxon, denn im Krieg verliert jeder, auch der Sieger. Man geht davon aus: „Krieg muß sein". Diese Einstellung ist nicht selbstverständlich und verlangt nach einer Erklärung.

Die oben aufgeführten Aspekte lassen nur einen einzigen Schluß zu. Es muß eine übergeordnete Instanz geben, welche den Krieg als solchen braucht und seinen Ausbruch mit eiserner Konsequenz betreibt.

Selbst der kritische Zeitgenosse des „Ersten Weltkriegs", Lenin, spricht von der Unvermeidbarkeit des Kriegs. Er normalisiert geradezu den Krieg als ein Begleitphänomen des Kapitalismus. Damit nicht genug. Lenin macht sich lustig über die Pazifisten. Er verurteilt Kautsky, weil dieser eine Antikriegsbewegung führt, und bezeichnet ihn, weil er Pazifist ist, als „zutiefst reaktionär". Die Einstellung Lenins können wir noch heute im Originalton nachlesen. In seinem Buch „Imperialismus als höchstes Stadium des Kapitalismus", das er während des „Ersten Weltkriegs" schrieb und noch während des Kriegs veröffentlichte, tritt Lenin offensiv gegen die Kriegsgegner, u.a. gegen Kautsky, ein.[2]

III. Die Kriegsmacher

Der/die Kriegsmacher halten sich im Hintergrund. Man muß tiefer in die Analyse eindringen, um den Kriegstreiber zu entdecken. Vielleicht hat er sogar seine Kontakte zu allen Kriegsparteien, zu allen europäischen Hauptstädten, denen er Gleichbehandlung verspricht. Den Kriegstreiber identifizieren wir mit der Groß- und Rüstungsindustrie, dem „Militärisch-industriellen Komplex (MIK)" und dem Finanzkapital.

Mit dieser These im Kopf blättern wir wieder in den Medien auf Monate zurück und schauen uns die Berichterstattung vor Kriegsbeginn an. Sie kündigt an, daß

---

[2] W. I. Lenin, Imperialismus als höchstes Stadium des Kapitalismus, erstmalig erschienen 1917, Seite 103 ff.

der Krieg kommt und kommen muß. Es wird keinen Frieden geben, sondern Krieg. Der Frieden schadet mehr als der Krieg.
Prognosen werden bestellt und damit auch ihre Bewahrheitung. Prophezeiungen gehen in Erfüllung. Es ist eine alte Erfahrung, die auch empirisch nachgewiesen werden konnte: die „Self-Realizing Prophecy". Prophezeiungen bewirken ihre Selbstverwirklichung. Im Volksmund sagt man „Der Krieg wird herbeigeredet".

IV. Der Krieg vor dem Krieg – Der nicht anerkannte Krieg

Für die Kriegshistoriker gelten die Jahre bis Mitte 1914 als Friedenszeit, bestenfalls waren sie eine Vorkriegszeit. Niemand spricht von einem Weltkrieg, der vor 1914 bestanden hat und der seit Juli 1914 fortgesetzt wird.

Die Jahre und Jahrzehnte bis 1914 waren nicht weniger dramatisch als die Jahre von 1914 bis 1918. Weder vor 1914 noch nach 1918 haben die Europäer aufgehört, ihre Kriege gegen die Völker in allen Kontinenten zu führen, in denen ungezählte Menschen starben. Auch mitten in Europa führten Deutschland und Österreich Krieg gegen die Balkanvölker, ohne ihn als Krieg, zumindest als Teil des „Ersten Weltkriegs", anzuerkennen. England führte den langandauernden Krieg gegen Irland. Spanien und Frankreich bombardierten und töteten in Nordafrika.

V. Der anerkannte Krieg – Der europäisch-europäische Krieg 1914-1918

Mit Beginn des Jahres 1914 eskalieren die Medien die Kriegsverhetzung immens. Das Countdown beginnt. Diesen Krieg erkennt man an, denn die Europäer führen ihn auf eigenem Boden.

Der andere Krieg ist der Nicht-Krieg: Der Krieg der Europäer gegen die afrikanischen, asiatischen und südamerikanischen Völker. Er ist der bis dahin blutigste Krieg, den die Invasoren nicht als Krieg anerkannt haben wollen. Das ist doch nur Völkermord, Genozid an aussereuropäischen Völkern. Krieg ist er nicht – so aus Sicht europäischer Politiker und Historiker.

Die massenpsychologische Vorbereitung für den Krieg, der bald in Europa stattfinden wird, wird seit Neujahr 1914 von Tag zu Tag heftiger.

Zum Verstehen sowohl des „Ersten“ als auch des „Zweiten Weltkriegs“ muß man sich die Rollenverteilung klarmachen.

VI. Feind und Freund

Sowohl im Ersten als auch im Zweiten Weltkrieg sind reale Feinde als Verbündete in das militärische Geschehen einbezogen worden, während die eigentlichen Alliierten einander gegenüber als Feinde aufgetreten sind.

Diese These bedarf einer gewissen Relativierung.
a) *„Verbündete“* ist freilich ein relativer Begriff. Rivalen können sich verbünden, ohne ihre Rivalitäten ganz aufzugeben.
b) *„Alliierte“*: Zur Unterscheidung: Verbündete müssen nicht eine offizielle Allianz eingehen, während Alliierte sich als solche öffentlich präsentieren.

Auch für die Fraktion der „Alliierten“ gilt sinngemäß dasselbe. Jeder für sich ist bestrebt, seinen Anteil an der Kriegsbeute zu maximieren, ohne den Rivalen zu zerstören, weil er ihn weiterhin braucht. Dieser Feststellung tut es keinen Abbruch, daß jeder Alliierte bestrebt ist, den Rivalen zu schwächen, um auf seine Kosten zu expandieren.

Schlußfolgerung: Um zu ermitteln, wer „Verbündeter“ und wer „Gegner und Feind“ im Krieg war, wäre es ein Irrweg, sich an den offiziellen Proklamationen zu orientieren. In das Bündnis wurden Gegner einbezogen, während Verbündete die Feindrolle eingenommen haben.
Zur Ermittlung und Identifizierung von „Feind“ und „Freund“ muß man sich grundsätzlich an den realen Abläufen orientieren. Die Faktenlogik ist das Kriterium.

Die wichtigsten Fälle seien genannt:
1. *Verbündete Feinde:* England und Frankreich auf der einen Seite und Deutschland auf der anderen sind als Feinde einander gegenüber getreten. Real gab es auch Konkurrenz um Interessengebiete und Einflußsphären. Es bestand jedoch nicht die Absicht, Deutschland als imperialistische Macht ganz auszuschalten. Wäre dies der Fall, so wäre es militärisch nicht nur möglich, sondern auch naheliegend gewesen.
2. *Verfeindete Verbündete:* England und Frankreich wandten sich an eine Reihe afrikanischer und asiatischer Länder mit der Bitte, sie als Verbündete im Krieg gegen Deutschland zu gewinnen. Nicht wenige dieser Länder haben

sich dazu bereit erklärt und sich an die Seite Englands bzw. Frankreichs gestellt und mit ihnen gekämpft.

Der indische Subkontinent hat sich mit England verbündet und die Hauptlasten des Krieges getragen.
Marokko, Algerien, Tunesien, Senegal u.a. stellten sich an die Seite Frankreichs und haben dafür viel geopfert.

Sicher waren die beiden europäischen Staaten auf die Hilfe der afro-asiatischen Truppen angewiesen. Real jedoch haben England und Frankreich ihre Versprechen gegenüber den Afro-Asiaten nicht eingehalten. Vielmehr war es die feste Absicht der Europäer, diese Verbündeten durch ihre Kriegsteilnahme zu schwächen und den antiimperialistischen Kampf zu zerschlagen.

3. *Verbündete verlieren:* Auf diesem Hintergrund ist die Feststellung nicht verwunderlich, daß die „Verbündeten“ der Siegermächte die eigentlichen Verlierer des Krieges sind. Hier meinen wir jene Verbündeten, die eigentlich Gegner sind: Die antiimperialistischen Völker. Ihre Einbeziehung in einen Krieg, der sie nichts angeht, mit Versprechen, die nicht eingehalten wurden, war genauer betrachtet der größte und übelste Vertrauensmissbrauch.
4. *Konkretion:* Die von Deutschland bedrohten Staaten Rußland, Frankreich und England baten die jeweils in ihrem Einflußbereich liegenden afro-asiatischen Länder um Unterstützung im Krieg mit dem Versprechen, im Anschluß daran den Kolonialstatus zu beenden. Dieser Vertrag wurde in keinem einzigen Fall eingelöst.

Der „Erste Weltkrieg“ war in vier Jahren offiziell beendet. Spätestens seitdem wissen wir, daß England und Frankreich einen großen Betrug begangen haben. Sie haben ihre treuen, opferwilligen Helfer in das Schußfeld hineinmanövriert. Junge Menschen, die bereit waren, ihr Leben in dem Glauben zu opfern, ihren Völkern die Freiheit, ihren Verbündeten die Befreiung und der Menschheit den Frieden zu bringen, wurden in schändlichster Weise verraten.

Sämtliche Verbündete aus dem Süden mußten letztlich den Verrat feststellen und wieder gegen den vermeintlichen Alliierten, aber strategischen Gegner den Befreiungskrieg führen und durch den langen verlustreichen Widerstand ihre Freiheit erkämpfen.

VII. Fanal zum „Europäisch-europäischen Krieg 1914-1918"

Das Fanal zum Krieg gab ein Attentat in Sarajevo am 28. Juni 1914 gegen den österreichischen Kronprinzen Franz Ferdinand. Wenn man an die menschlichen und materiellen Opfer dieses Krieges denkt, kann man nicht so naiv sein zu glauben, daß jener Mordanschlag wirklicher Auslöser oder gar der Grund für diesen großen Krieg war, wie die Medien suggeriert haben. Ein Attentat ist höchstens dazu geeignet, den Ausbruch des Krieges vor den Medienkonsumenten zu rechtfertigen. Real war alles für den europäisch-europäischen Krieg schon lange vorbereitet. Für jeden großen Krieg hat der Militarismus, der unter Handlungszwang steht, stets eine publikumswirksame Provokation inszeniert. Es ist unseriös, den Anschlag von Sarajevo in der Kausalitätsdiskussion zu bemühen.

Der erste Weltkrieg und der Süden

2. Die eigentlichen Kriegsziele: Europäisch-europäischer Krieg um außereuropäische Ziele

Zeittafel – Einige wesentliche Daten zum Verständnis des „Ersten Weltkriegs" sollen verdeutlichen, worum es im Europäisch-europäischen Krieg 1914-18 eigentlich ging.

I.	1914	Deutsche Kriegserklärung an England. England gibt infolge Deklarationen über „Mandats- und Protektoratsansprüche" heraus.
II.	1915	Ḥusain-McMahon-Abkommen.
III.	1916	Sykes-Picot-Geheimabkommen.
IV.	1917	Balfour-Deklaration.
V.	1917	Sozialistische Oktoberrevolution – Gründung der Sowjetunion.
	1918	Zusammenbruch des Osmanischen Reiches.[3]

Die von uns oben genannten Marksteine – 1914, 1915, 1916, 1917, 1918 – kennzeichnen ein anderes Bild der Kriegsgeschichte und -ziele als ihre Darstellung im europäischen Lehrwerk. Die fünf Stationen zeigen auch, wodurch und worin der Sieg Englands über Deutschland besteht.

I. Der Protektorats- und Mandatskolonialismus

Die eigentlichen Kriegsziele und ihre Realisierung:
1. Ablenkung und Umorientierung der antiimperialistischen Widerstandsfront im Süden.
2. Durchsetzung des Protektorats- und Mandatskolonialismus.

Der Mandatsbegriff war neu in der Weltpolitik. Man konnte sich zunächst nichts darunter vorstellen. Vor dem Hintergrund, der eben erläutert wurde, daß Deutschland die Welt bedrohe und die bedrohte Welt sich deshalb mit den Feinden Deutschlands verbünden solle, also mit England und Frankreich, gewinnt der Mandatsbegriff eine scheinbare Plausibilität:
Ihr bedrohten Völker! Verbündet euch in eurem eigenen Interesse mit uns, Frankreich und England. Hört auf mit dem Kampf gegen die jeweilige koloniale

[3] Punkt V, ‚Oktoberrevolution' 1917 und ‚Zusammenbruch Osmanisches Reich' 1918 wird weiter hinten im Kapitel 5, I. und II. ‚Ergebnisse des Ersten Weltkriegs' ausführlich behandelt.

Macht. Wir bieten euch vielmehr „Schutz" („Protektorat") vor dem gefürchteten Feind Deutschland. Unterstützt uns im Kampf gegen den gefährlichen Feind des Weltfriedens, Deutschland. Die von Frankreich besetzten Länder Afrikas und Asiens sollen den Kolonialstaat nicht als einen Feind, sondern als einen Verbündeten gegen die drohende deutsche Gefahr betrachten. Genauso taktiert England mit seinen „Verbündeten", richtiger, Opfern. So entstehen paradoxe Allianzen, bei denen sich das Opfer mit seinem strategischen Feind verbündet.

Um nicht von „Imperialismus", „Kolonialismus", „Aggression", „Besatzung" und „Plünderung" zu reden, führte England Ausdrücke wie „Mandat", „Protektorat", „Schutzmacht", „Protektoratsdiplomatie" ein. Sie können ausgelegt werden wie man gerade will. Diese Begriffe sind exemplarisch für den europäischen Euphemismus.

1914 gibt England eine erste „Protektoratserklärung" zu Ägypten heraus.

Protektorat / Mandat: Noch vor Beginn des Ersten Weltkriegs bemühten sich englische Diplomaten in den Zielländern, die englische Aggressionspolitik und die Besetzung fremder Territorien nicht als solche, sondern als eine Art Allianz, als eine Sonderform von Völkergemeinschaften, hinzustellen. Englische Sprachtechniker erfanden dafür Begriffe wie „Protektorat", „Mandat", später „Commonwealth" u.a.m. Wie man weiß, prägen solche Propagandabegriffe die Geschichtsschreibung. Häßliche Begriffe wie „Kolonialismus", „Imperialismus", „Aggression", „Invasion", „Besatzung" usw. sollten nicht gebraucht werden. Tatsächlich verschwanden sie sehr bald aus den Medien des Aggressors und leider auch aus den Geschichtswerken seiner Historiker.

Der Protektoratsbegriff wird ausschließlich in Verbindung mit arabischen Ländern verwendet. Mit Rücksicht auf die starke antiimperialistische Bewegung und das nationale Bewußtsein in der arabischen Welt hüteten sich die Europäer davor, von „Kolonien" zu sprechen. Man muß natürlich auch einräumen, daß arabische Länder nicht unter einen vergleichbaren Kolonialstatus geraten sind, wie er sonst in anderen afrikanischen Regionen geherrscht hat.

Die imperiale Diplomatie und ihre Public Relation Departments präsentieren England nunmehr als Verbündeten der von ihm heimgesuchten Völker. Zum Beispiel bietet sich England als Alliierter der Araber gegen das Osmanische Reich an. Diese Art Demagogie Englands wird ausgeweitet. Es sei nicht mehr der Feind Chinas, Indiens, Ägyptens, Iraks, Kuwaits, Zyperns oder Palästinas, sondern deren Verbündeter, ja Beschützer. Diese Funktion war weder von den

Arabern noch von anderen Völkern gewollt, die Betrachtung des Ausbeuters als Verbündeter wurde nicht geteilt. Gandhi (Ghandi) – seligen Andenkens – sagte zu Churchill: „Dann behandelt uns doch wie ‚British Citizens'", womit die Diskussion zwischen den beiden Politikern beendet war.

Protektoratserklärungen sind Kriegserklärungen. Keines der „schutzbefohlenen" Völker hat je um Protektion gebeten. Es war umgekehrt. Die Protektoren waren es, die ihren „Schutz" aufzwingen wollten. Es ist verständlich, wenn die Völker der Protektorate ihren Widerstand ankündigen und mit Aufständen antworten. Tatsächlich kam es in allen Protektoratsgebieten zum Volksbefreiungskampf. England und Frankreich reagierten mit Bombardierung und Genozid. Genau das war es, was mit „Schutz" gemeint war. Es sind Kriege, welche die Aggressoren nicht als solche anerkennen wollen. Sie betrachten die Protektorate als ihr eigenes Plünderungsparadies nach dem Motto: „Unser Gold liegt in ihrem Berg".

Die kolonialistische Diplomatie und ihre Public Relations vermochten es nicht, bei allen angesprochenen Völkern Vertrauen zu erlangen und die Realitäten auf den Kopf zu stellen. Vielmehr waren sie dazu geeignet, den Widerstand sowohl gegen die europäischen Invasoren als auch gegen das Osmanische Reich zu verstärken. Daraufhin verhängte England schon im November 1914 das „Kriegsrecht" über Ägypten. Im Gegenzug antworteten die Ägypter mit heftigem Widerstand unter Führung von Sa'd Zaġlūls Pascha.

In den letzten Jahren vor dem Ausbruch des europäisch-europäischen Kriegs 1914 wurden hektische bündnispolitische Aktivitäten auf imperialistischer Seite entfesselt. Sie beschränkten sich nicht nur auf europäische Staaten. Nach und nach wurden auch außereuropäische Staaten einbezogen, darunter die USA, Japan und die Türkei. Das bedeutet, daß schon alle wußten, worum es sehr bald gehen würde. Jeder ging davon aus, daß der Welt eine Aufteilung bevorsteht. Jeder wollte seinen Anteil haben und ihn maximieren. Die betroffenen Völker, die bald Opfer eines großen Verbrechens sein werden, fragte man nicht. Die Hauptvertreter der beiden großen Fraktionen, die im bevorstehenden Krieg einander gegenüberstehen werden, sind auf der einen Seite Deutschland, Österreich (-Ungarn) und die Türkei, auf der anderen Seite England und Frankreich. Rußland und die Balkanstaaten waren mit Deutschland-Österreich konfrontiert. Das Russische Reich hatte Kriegsziele in der Türkei, insbesondere die strategisch wichtige Meeresenge Bosporus und die Dardanellen. Die Türkei war Alliierter Deutschlands, so daß Rußland seine Kriegspolitik mit England und Frankreich koordinieren mußte.

Der erste Weltkrieg und der Süden

Die Europäer reden von Krieg nur, wenn sie gegeneinander schießen. Das tun europäische Historiker auch, wenn sie diese Aggressionen nicht als Weltkrieg anerkennen. Vielleicht sind sie nicht in der Lage, Geschichte zu schreiben. *Warum eigentlich versagen sie als Historiker?* Wenn Europäer Geschichte schreiben, müssten sie über all ihre Verbrechen berichten. Dazu sind sie nicht bereit.

Kommen wir zurück zum „Protektorat" als einen formalen Ausdruck für einen Status, den ein europäischer Staat einem anderen, meist arabischen, Staat zulegt. Europäische Autoren begehen den Fehler, den Anspruch eines imperialistischen Staates mit der Realität gleichzusetzen. Sie verfallen der gleichen Europhantasie, der auch der Kolonialismus verfallen war. Die Fremdbezeichnung „Protektorat" ist nie eine Selbstbezeichnung geworden, weil die betroffenen Staaten weder Schutz- noch Fremdherrschaft anerkannt haben. Die europäischen Staaten haben die „Protektorate" bombardiert, ausgeplündert und Menschen massakriert; herrschen konnten sie nie. Bevor sie aus dem Land fliehen mußten, haben sie verbrannte Erde zurückgelassen.

Wenn z.B. Frankreich oder seine Geschichtsschreiber behaupten, Marokko sei von 1912 bis 1956 französisches Protektorat gewesen, so ist dies Selbsttäuschung und politischer Schwindel. Richtig ist, daß Frankreich und Spanien vor keinem Verbrechen zurückschreckten, um die Marokkaner zu unterwerfen; gelungen ist es ihnen nie. Bis hin zur kollektiven Vergasung der Bevölkerung, besonders in den Widerstandsgebieten, dem Rif, konnten sie ihr Ziel der Unterjochung nicht realisieren. Im Annihilationskrieg gegen das marokkanische Volk belieferte Deutschland Spanien und Frankreich mit Giftgas. Formal waren sie verfeindet. In der Praxis verhielt es sich anders. Die Massenvernichtungswaffen, insbesondere das Giftgas, erhielten Spanien und Frankreich von Deutschland: Offensichtlich bestand Interessenidentität und keine Feindschaft. Die Anwohner ganzer Ortschaften wurden vernichtet, aber sie haben sich nicht unterworfen. Heute noch sterben Menschen im Rif an den Auswirkungen von Gasbomben, die in den zwanziger Jahren des 20. Jahrhunderts über dem Maghreb abgeworfen wurden. Es ist also eine Lüge, welche die Europäer und ihre Historiker nicht eingestehen wollen, wenn sie vom „Protektorat" reden.

Wir sind dabei, nach den eigentlichen Zielen des Ersten Weltkriegs zu suchen. Es handelte sich wie gesagt um einen europäisch-europäischen Krieg. Die Ziele des Krieges lagen jedoch außerhalb Europas, also im Süden, und zwar in allen Kontinenten des Südens: in Afrika, Asien, dem arabischen Raum, Süd- und

Zentralamerika sowie den anderen Teilen des Südens, dem Festland, den Inseln und den Gewässern.

Europäische Autoren marginalisieren den Süden. Sie stellen die Geschichte und die Politik so dar, als würden sie von Europa aus bestimmt und gemacht. In Wirklichkeit reagiert Europa mehr denn als es agiert. Die sorgfältige Betrachtung zeigt, wie sehr Europa der Entwicklung nachhinkt.

Das Protektorat über die Arabische Welt – Die erfundene Schutzbedürftigkeit

Zum einen ist es ganz offenkundig, daß die arabische Welt schon immer im Visier der europäischen Politik gestanden hat und noch steht, freilich möglichst ohne dabei aufzufallen. In ihren öffentlichen Darstellungen achten die europäischen Staaten einschließlich der USA sehr darauf, diese Tatsache – die arabische Welt als Mittelpunkt ihres außenpolitischen Handelns – nicht als solche in Erscheinung treten zu lassen; vielmehr suggerieren sie das Gegenteil, daß sie dem arabischen Raum nicht vorschreiben, wie er sich zu verhalten habe.

Auf arabischer Seite bestand ein Breitspektrum von Parteien und politischen Organisationen. Die Vielfalt der politischen und sozialen Strömungen war sich darin einig, daß der Hauptfeind der Völker der europäische Kolonialismus ist. Letzterer schob die Osmanen vor.

Zum anderen ist die arabische Welt schon immer eine bedeutsame Kraft gegen den Imperialismus gewesen. Die sozialistische Tradition der arabischen Welt, die Qarmaṭen und ihre Nachfolgestaaten, existiert bis heute. Im 19. Jahrhundert, als die kolonialistische Bedrohung der arabischen Welt am stärksten war, haben sich alte Traditionen in der Tat als große Kraft gegen Unterdrückung und Fremdherrschaft erwiesen. Die letzte Gesellschaft dieser Art, die eine beachtliche Bedeutung hatte, aber wenig Berühmtheit erlangte, und über die wenig geforscht wurde, ist die Bewegung der Muša'ša'īn (was soviel bedeutet wie „Gesellschaft mit Ausstrahlungskraft"). Sie lebten auf dem Gebiet des Iraks und Westirans. Von dort strahlte ihre Wirkung aus. Der Kommunismus kam nicht von Europa, sondern von der arabischen Welt nach Europa. Sozialistische und andere fortschrittliche Bewegungen wurden von England und Frankreich mit osmanischer Unterstützung gezwungen, in den Untergrund zu gehen. Die Verfolgung galt insgesamt nationalen (qawmiyyūn), patriotischen (waṭanī), sozialistischen, kommunistischen und in höchstem Maße offensiv wirkenden antikolonialistischen und antiimperialistischen Strömungen.

Nun wußten aber England, Frankreich u.a. genau, daß, wenn sie den imperialistischen Zugriff auf den arabischen Raum anstreben, sie ganz gewiß mit machtvollem Widerstand konfrontiert sein werden.
England erklärte in den Kriegs- und Nachkriegsjahren Ägypten 1914, den Irak 1920, Jordanien 1922 sowie Kuwait und Zypern zusammen mit dem Sudan als britische Protektorate und Palästina 1920 als britisches Mandat.
Es war klar, daß die Protektoratsproklamation von den betroffenen Völkern als ungeheure Provokation empfunden werden mußte.

II. Das Ḥusain-McMahon-Abkommen 1915

Auf der Arabischen Halbinsel formierten sich zwei Fraktionen, die miteinander rivalisierten: Al-Saʿūd und die Hašīmiten. Die Saudis waren Wahhabiten, streng islamisch orientiert, geführt von al-Saʿūd. Die Hašīmiten waren von Ḥusain, dem Scherif von Mekka, Fürst des Ḥiǧāz, geleitet (Ḥiǧāz gehörte später zur saudischen Region). Jede der beiden Fraktionen verfügte über eine beträchtliche politische und militärische Stärke. Ihre bündnispolitische Einstellung war nicht ohne Bedeutung für den Ausgang des ersten Weltkriegs.

England wandte sich nicht an „die Araber", wie das im Geschichtswerk steht, sondern eben an jene arabischen Feudalherren unter Ausnutzung bestehender Rivalitäten. Es verhandelte sowohl mit den Hašīmiten, vertreten durch den Scherif Ḥusain, als auch mit den Wahhabiten unter al-Saʿūd. Da beide Oligarchien gegen das Osmanische Reich wegen seiner Besetzung arabischer Territorien waren, konnte England Kontakt zu beiden Fraktionen anknüpfen. England konnte sich damit legitimieren, daß es gegen die deutsch-türkische Allianz war. Mit dieser Begründung wollte sich England den Arabern als Verbündeten anbieten.

An dieser Stelle können wir für einen kurzen Augenblick einen Sprung in ein fünf Jahre später stattfindendes Ereignis machen. Wir blenden hier *die Pariser Friedens-Verhandlungen* ein.
Wir befinden uns jetzt im Versailler Vertragsjahr 1919-20. Hier wird der Protektorats- und Mandatskolonialismus „legalisiert", „völkerrechtlich" bestätigt. Diesen politischen Schwindel suggerieren die imperialistischen Staaten, ohne dabei rot im Gesicht zu werden. Das „Völkerrecht" des Imperialismus ist imperialistisches Völkerrecht.

Deutschland hatte nach dem Berliner Afrika-Kongreß Gebiete in Ost- und Südwest-Afrika als eigene Kolonien beansprucht. Eigentlich konnte es dort nie Fuß fassen. Gegen die beanspruchte Fremdherrschaft haben die Völker der betroffenen Regionen einen heroischen, opferreichen Kampf geführt. Der Aggressor konnte das Land nicht besetzen. Auf dem Boden von Blutmeeren im Westen und Osten des afrikanischen Kontinents konnte Deutschland lediglich einige Bastionen errichten, von denen aus die afrikanischen Völker terrorisiert, massakriert und ausgeplündert wurden. In Afrika sind die ersten Konzentrationslager entstanden. Ganze Stämme wurden zu Zehntausenden auf engstem Raum umzingelt, ohne Brot und Wasser in den grausamsten Tod getrieben. Diese Verbrechen sind aus dem europäischen Gedächtnis gelöscht worden, nicht aber aus der Erinnerung der afrikanischen Völker.

Als die Nachricht von der Niederlage Deutschlands im Jahr 1918 laut verkündet wurde, haben die freiheitsliebenden Völker in Ost- und Süd-West-Afrika ihre eigene Unabhängigkeit gefeiert.
Die Sieger des Ersten Weltkriegs sorgten dafür, daß die einst für deutsch erklärten Gebiete Afrikas nunmehr als „Mandat" an den Völkerbund übergingen und damit indirekt, dann direkt unter englische Vorherrschaft gestellt wurden.[4]

Das Protektorats- und Mandatsmanöver war rasch entlarvt und erwies sich als kurzlebig. Der Freiheitskampf konnte nicht aufgehalten werden. Den Weg dahin wollen wir im Einzelnen verfolgen.

McMahon war der britische Kommissar in Kairo. Er sprach im Namen des englischen Königs mit arabischen Politikern. McMahon verhandelte brieflich mit dem Scherif von Mekka. Die Korrespondenz mit ihrem Endergebnis wurde zusammengelegt, nach den beiden Unterzeichnern als Ḥusain-McMahon-Abkommen benannt und in den Stand eines Vertragsdokuments erhoben. Es handelte sich also nicht um ein Abkommen wie andere, die am Konferenztisch ausgehandelt werden.
Wovon handelt dieser Vertrag? Der Form nach ist er ein Briefwechsel. Er ist nicht direkt als eine zwischenstaatliche Regelung entstanden. Zunächst setzte Ḥusain ein Dokument auf, das über den diplomatischen Weg an den englischen Kommissar in Kairo übersandt wurde. McMahon antwortete. Als Kurier trat der Engländer Lawrence auf.

---

4 Teil IV des Versailler Vertrags in: Der Vertrag von Versailles, mit Beiträgen von S. Haffner et al., Frankfurt am Main 1988.

In seinem Schreiben hat Ḥusain die Grenzen eines arabischen Staates nach dem Ende des (Ersten) Weltkrieges und dem voraussichtlichen Niedergang des Osmanischen Reiches abgesteckt. England sagte seine Unterstützung zu diesem Plan zu. Dabei nahm McMahon in seinem Antwortschreiben an Ḥusain Grenzänderungen vor, welche den Sinn hatten, die Region nach ethnischen und konfessionellen Gesichtspunkten auseinander zu dividieren. Das Ḥusain-McMahon-Abkommen war der erste Schritt, den arabischen Raum zu zerstückeln und zu konfessionalisieren.

Hier ist übrigens der Ort, die Lawrence-Legende aufzugreifen. Lawrence war ein Agent im Dienste der englischen Regierung. Er hatte den Auftrag, arabische Persönlichkeiten aufzusuchen, die zur Kooperation mit England bereit waren. Ziel war es, der arabischen antikolonialen Bewegung eine arabische kollaborationsbereite Oligarchie entgegenzusetzen. Lawrence wurde mit offiziellen Briefen ausgestattet, die er den Verhandlungspartnern zu überbringen hatte.

Im Jahr 1916 fand der große arabische Aufstand sowohl gegen den westlichen Imperialismus als auch gegen die osmanische Herrschaft statt. Ḥusain b. ʿAlī, Begründer der Dynastie der Hašīmiten, ließ sich auf eine Allianz mit England ein. Kontaktmann war der Engländer Lawrence. Im Rahmen seiner Mission versuchte er, eine anti-osmanische Kundgebung auf jordanischem Gebiet durchzuführen, um sich als einen Freund der Araber zu präsentieren. Deshalb wurde er von den Behörden als Provokateur festgenommen. In der europäischen Historiographie wurde die Lawrence-Affäre zu einer großen Geschichtslegende aufgebauscht, die selbst in die Fachliteratur Zugang gefunden hat. Die Entstehung dieses Mythos geht unter anderem auf das Zeremoniell, das nach dem Tod dieses Spitzels in der Westminster Abbey stattfand, zurück. Die Abschiedsreden wurden vom Stapel gelassen. Statt einer Trauerfeier vollzog sich eine Heroisierungsorgie. Die Redner überboten sich. Der letzte Sprecher mußte sich einiges einfallen lassen, um die Vorredner zu übertreffen. Die Pressemitteilungen waren bereits ausgearbeitet gewesen. Was Lawrence tat oder nicht tat, war von untergeordneter Bedeutung gegenüber einer eindrucksvollen historischen Legende. Posthum wurde er vom englischen Hof zum „Lawrence von Arabien“ geadelt.

Nach diesem kleinen Exkurs zurück zur Mission von Lawrence. Er führte seinen Auftrag aus und übermittelte den Briefwechsel zwischen Ḥusain und McMahon. Ḥusain und seine Aristokratie stimmten dem englischen Begehren zu, zusammen mit England gegen die Osmanen zu kämpfen. Aus der Interessenlage der arabischen Völker gesehen ergibt dies keinen Sinn. Die Osmanen waren zu diesem Zeitpunkt längst am Ende ihrer realen Macht. Sie wurden von ihrem Verbündeten Deutschland gestützt. Auch England und Frankreich halfen den Osmanen, ohne sich durch die deutsch-türkische Allianz stören zu lassen. Das ist nicht paradox, sondern ganz logisch. Die offizielle Bündnisfrage war eine Scheinfrage. Die Praxis war pragmatisch. Der europäische Imperialismus sah in den Osmanen das Mittel, den arabischen Widerstand zu unterdrücken. Da die Europäer darauf spekulierten, das Erbe der Osmanen anzutreten, konnte es ihnen nur recht sein, die Araber durch die Osmanen zermürben zu lassen und ihnen die Last des Endkampfes mit den Osmanen aufzubürden. Die Osmanen wurden buchstäblich von Feind und Freund gestützt.

Die europäischen Kriegsparteien – mit Ausnahme von Rußland – wollten sich mit den Osmanen nicht verfeinden. Diese waren stark und morsch in einem. Jeder wollte einen Anteil am Erbe des todkranken Mannes am Bosporus haben. Solange er jedoch am Leben war, sollte er bis zum letzten Blutstropfen ausgenutzt werden – als counterpower gegen den Widerstand in den von der Türkei besetzten Gebieten; denn es war klar, daß der Widerstand sich bald voll gegen den europäischen Imperialismus konzentrieren würde. Alle Westmächte hausierten im Vorzimmer des schwer angeschlagenen Patienten. Darum haben die offiziellen und die nicht-offiziellen Verbündeten die herrschende Oligarchie in der Türkei unterstützt.

Im 19. Jahrhundert haben die Osmanen – durch die Proklamation der Selbständigkeit Ägyptens – ihre Position als regionale und internationale Macht sukzessive verloren. In den ersten beiden Jahrzehnten des 20. Jahrhunderts waren sie nur noch eine Marionette. Auch im Inneren der Türkei war der Widerstand gegen die Osmanen stark angewachsen. Sie wurden von Westeuropa künstlich am Leben gehalten, sonst wäre das Regime der Osmanen von selbst zu Ende gegangen. In dem Maße, wie sich der arabische Widerstand im Vormarsch befand, waren die Osmanen im Untergang begriffen.

Es stellt sich also die Frage: Warum mußten arabische Oligarchien die Hilfe Englands in Anspruch nehmen? Die Oligarchien standen unter einem großen Druck. Er rührte nicht von außen, sondern von innen her. Die arabische antiimperialistische Strömung, auch Nationalbewegung genannt, hat die Situation richtig eingeschätzt und analysiert. Sie wollte die Osmanen nicht gegen den europäischen Imperialismus eintauschen. Ebensowenig wollte sie die Klassenherrschaft arabischer Aristokraten zulassen.
Die arabische Nationalbewegung war natürlich nicht der Ansprechpartner Englands. Es wandte sich an die machtgierigen Hašīmiten ebenso wie an die Saudis, um mit ihnen gegen die Türkei zu kämpfen. Das bedeutete gleichzeitig auch

Kampf gegen die arabische nationale Bewegung, da diese im europäischen vermeintlichen Alliierten einen strategischen Feind erkannte, der nicht weniger gefährlich war als die Osmanen.
Die arabische antiimperialistische Bewegung war bestrebt, im Stadium der Befreiung die Klassengegensätze nicht nur zurückzustellen, sondern auch die Nationalbourgeoisie in die nationale Einheitsfront einzubinden; eine Option, der sicher eine Chance eingeräumt werden mußte. Es war also nicht die Nationalbewegung, sondern die Aristokratie – von England unterstützt –, welche die Spaltung der antikolonialen Bewegung heraufbeschworen hat.

England hat nicht im Traum daran gedacht, nach dem Sieg über das Osmanische Reich den Arabern ihre Unabhängigkeit zu lassen. Vielmehr spekulierte es darauf, daß der vereinbarte arabische Staat in irgendeiner Form mit England verbunden bleiben solle. Die englische Heuchelei diente ausschließlich dem Zweck, die Araber auf seiten Englands im Kampf gegen die Osmanen zu gewinnen. Im Anschluß daran würde der arabische Raum leichte Beute für England sein.

Es gehörte nicht viel dazu, dem Osmanischen Reich den Todesstoß zu versetzen. In langen Widerstandskämpfen, die vom damaligen Zeitpunkt aus gesehen bereits über hundert Jahre andauerten, waren die Osmanen schon längst völlig zermürbt worden. Wenn die Araber einen Krieg führen wollten, dann sollten sie ihn als Befreiungskrieg gegen England und Deutschland führen, wenn diese den Zugriff auf die arabische Region wagen. Das hat die antiimperialistische Bewegung real getan. Es ist berechtigt, vom Verrat der Oligarchien an den arabischen nationalen Interessen zu sprechen.

Nach Darstellung dieser Hintergründe und Zusammenhänge kommen wir zu den zwingenden Schlußfolgerungen. Mit dem Gedanken im Kopf, daß ein großer Krieg wie der von 1914-18 nicht eine einzige Absicht, sondern ein Geflecht von Zielsetzungen verfolgte, komme ich persönlich zu den nachstehend dargelegten Ergebnissen:

Erstens – Kolonialismus und Imperialismus haben nie eine Stabilität erfahren können. Alles spricht dafür, daß es sich um ein System handelt, das sein eigenes Grab schaufelt. Der Traum von der Herrschaft über ein Weltreich ist schon immer ein Albtraum gewesen.

Zweitens – Sowohl der Erste als auch der Zweite Weltkrieg hatten die Absicht, die antiimperialistischen Widerstandsbewegungen unter falschen, betrügerischen Versprechungen vom Befreiungskampf abzulenken und fernzuhalten. Ihnen wurde eine politische Lösung in Aussicht gestellt, damit sie sich zum Verzicht auf den Befreiungskampf bereit erklären. England, Frankreich, Deutschland und Rußland, jedes für sich, spielte seine eigene Rolle in diesem Szenario mit geheuchelter Seriosität. Es hat relativ lange gedauert, bis man die Heuchelei der Europäer und den politischen Schwindel voll erkannte.

Drittens – Der Sinn des (Ersten) Weltkrieges bestand im weiteren darin, den Krieg gegen den Kolonialismus, der in allen drei Kontinenten des Südens entbrannte, zu entschärfen. Die europäischen kolonialistischen Staaten spekulierten darauf, die antikoloniale Front oder einzelne Fraktionen als Verbündete der jeweiligen Kolonialmacht zu gewinnen. Der Krieg in Europa mußte inszeniert werden, damit sich die große antikoloniale Front entsprechend den Fronten in Europa spaltete.

III. Das Sykes-Picot-Abkommen von 1916

England und Frankreich teilen die Welt unter sich auf. Italien, aber nicht Deutschland, wird berücksichtigt.

Durch Verhandlungen, die im Januar 1916 begonnen haben und deren Ergebnisse durch den Briefwechsel vom 9.-16. Mai 1916 bestätigt wurden, wird das Sykes-Picot-Abkommen abgeschlossen. Es wird nach den beiden Unterhändlern Mark Sykes und C. F. George Picot benannt.
Der Name „Sykes“ steht für England, „Picot“ für Frankreich. Ersterer wurde wegen seines kolonialistischen Verdienstes beim Zustandebringen des Sykes-Picot-Abkommens und der Vorteile, die er für England errungen hat, zu Sir M. Sykes geadelt. Dieses wichtige Abkommen wurde – nach mehreren Vorverhandlungen – durch Briefwechsel bestätigt; daher wird es mit dem Datum des letzten Schreibens, dem 16. Mai 1916, datiert. Es besitzt Aktualität. Es ist nach wie vor Realität und bestimmt noch heute die durch die Welt gezogenen Grenzen.

Die außereuropäische Welt wurde in Interessensphären aufgeteilt. Grenzlinien wurden buchstäblich mit dem Lineal gezogen. Die Kartographie haben die beiden Politgeographen Sir Sykes für England und Francois Picot für Frankreich gezeichnet. Ihre Regierungen verabschiedeten und sanktionierten die Landkarten. Es entstanden Nationalstaaten.
Hauptinteressengebiet der imperialistischen Staaten war die arabische Welt. Folglich stand diese im Mittelpunkt der Arbeit von Sykes und Picot.

Das Sykes-Picot-Abkommen hat fiktive Grenzverläufe zwischen Irak und Iran, ebenso zwischen Irak und Syrien, zur Realität gemacht. Auch der übrige arabische Raum wurde eingeteilt.
Im weiteren sah das Abkommen vor:
Syrien, Tunesien, Algerien, Marokko, Senegal sowie die späteren sogenannten frankophonen Staaten werden Frankreich zugeteilt.
Der Irak einschließlich Kuwait, Ägypten, Sudan, Eden (Nord-Jemen), Oman-Dofar, Zypern und andere Gebiete werden England zugewiesen. Der traditionell einheitliche Senegal wird – wegen seiner strategischen Bedeutung an der Atlantikküste gespalten. Der (Rest-)Senegal wird Frankreich unterstellt. Gambia und andere sogenannte anglophone Staaten geraten unter englischen Einfluß.

Ich möchte darauf aufmerksam machen, wie wichtig und aktuell dieser Geheimvertrag noch ist. Die nationalstaatlichen Grenzen in der Welt, vor allem in Afrika und Asien, aber auch in Süd- und Zentralamerika, sind nicht von den Völkern selbst gezogen worden, sondern von den imperialistischen Mächten der damaligen Zeit. Der Sykes-Picot-Geheimvertrag hatte Modellcharakter. Das anglofranzösische Diktat mit dem Namen Sykes-Picot-Abkommen wurde den Völkern aufgezwungen.

Grenzen dieser Art sind ein geschichtliches Novum. Wenn wir z.B. vom Alten Ägypten sprechen, müssen wir daran denken, daß es sich um eine kulturhistorische Evolution mit offener Ausstrahlung, aber ohne politische Grenzen mit Ein- und Ausschluß von Menschen handelte. Die Welt als Ganzes und erst recht die Kontinente und Subkontinente bildeten eine Einheit. Das Sykes-Picot-Abkommen stellt einen schweren Eingriff in das Zusammengehörigkeitsgefühl der Menschheit dar.

Offensichtlich haben England und Frankreich zu diesem Zeitpunkt die Weltlage folgendermaßen eingeschätzt:
1. Die Tage des Osmanischen Reiches sind gezählt.
2. Mit dem baldigen Niedergang des Zarenreiches haben England und Frankreich offensichtlich nicht gerechnet (!). Bei ihren Grenzziehungen beachteten die Militärkartographen die Interessen des Russischen Reiches und nahmen darauf Rücksicht.
3. Deutschland wird diesen Krieg nicht gewinnen können. Das war bereits Anfang 1916 abzusehen. So konnten England und Frankreich die Welt unter sich – ohne Deutschland – aufteilen.

4. Hingegen haben die beiden damals noch führenden Kolonialmächte damit gerechnet, daß die USA künftig eine größere imperialistische Rolle spielen werden.

Die entsprechende Teilung der Interessenssphären in „A- und B-Zonen“ belegt unsere Einschätzung über die eigentlichen Absichten des Ersten Weltkriegs. Sein Verlauf bestätigt, daß England und Frankreich die Entwicklung in bezug auf vorstehende Aspekte realistisch eingeschätzt haben.

5. Der Plan, der antikolonialen Front auszuweichen und die kolonialen Aggressionen fortzusetzen, muß nach anglo-französischem Diktat mit allen Mitteln und aller Härte weitergeführt werden, denn das, was England und Frankreich auf dem Reißbrett gezeichnet haben, ist ja noch kein Faktum; es mußte erst realisiert werden.

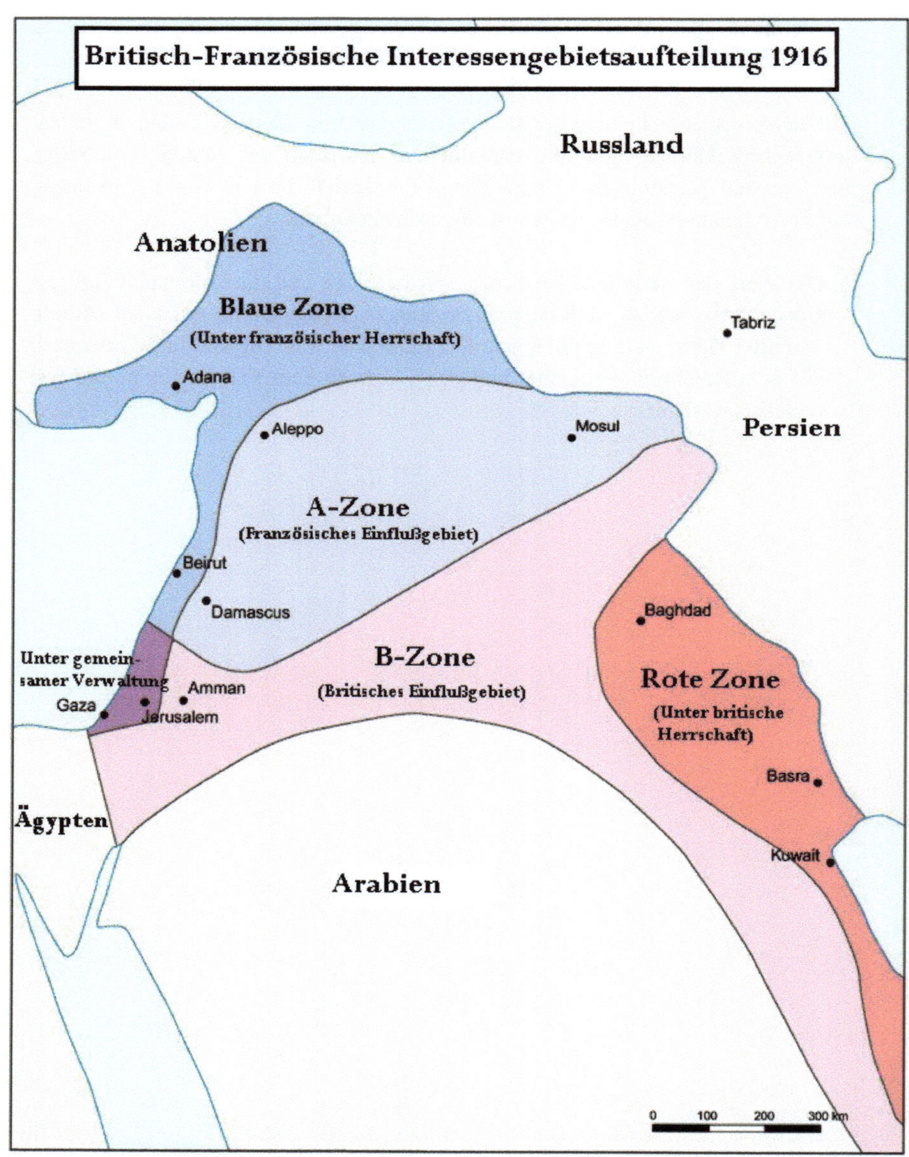

Die 1916 im Sykes-Picot-Abkommen vereinbarten Einflusssphären.
Karte: Mullerkingdom. Lizenz: Public Domain

Erläuterungen zur Abbildung:

Das Sykes-Picot-Abkommen von 1916 war ein geheimes Abkommen zwischen den Regierungen Englands und Frankreichs, welches große Teile des arabischen Raums zwischen den beiden Staaten aufteilt. Es trägt den Namen der beiden Politgeographen Mark Sykes für England und Francois Georges-Picot für Frankreich und wurde am 16. Mai 1916 formal abgeschlossen.

Die von den arabischen Völkern mit großen Opfern erkämpfte Freiheit vom Osmanischen Reich sollte aus kolonialer Sicht sabotiert bzw. verhindert werden.

Die bereits befreiten arabischen Länder sollten anteilig zwischen England und Frankreich aufgeteilt werden. Damit wollten diese die Option eines Bündnisses unabhängiger arabischer Staaten – vielleicht analog der Sowjetunion – verhindern.

England legte seine Hand auf den Irak und Jordanien, versteckte sich aber hinter den arabischen Königen Feisal im Irak und Hussein bzw. Abdallah in Jordanien. Die betroffene Bevölkerung wurde natürlich nicht gefragt.

Frankreich beanspruchte den Raum Libanon und Syrien.

Beiden Staaten war jede Irreführung und Betrug recht. England hatte bereits die Hussein-McMahon-Korrespondenz als einen Vertrag deklariert, dennoch im Sykes-Picot-Abkommen andere territoriale Ansprüche gestellt. Größere Teile des syrisch-libanesischen Raumes wurden zwischen England und Frankreich geteilt. 1918 wurde das syrische Mosul dem Irak zugeschlagen und kam damit unter englische Herrschaft. Frankreich hatte im Tausch dafür Elsass-Lothringen zurückerhalten.

Durch das Sykes-Picot-Abkommen wurde der siegreiche arabische Befreiungskampf gegen die Osmanen von England und Frankreich zerschlagen.

Palästina wurde zunächst unter internationale Verwaltung gestellt, bis es 1922 als Mandat England ‚zugeteilt' wurde. Am 15. Mai 1948 übergab England das Land nicht den Palästinensern, sondern den Zionisten. Der Kampf um die Befreiung Palästinas hält bis heute an.

Mit dem Sieg der Oktoberrevolution und der Proklamation der Sowjetrepubliken 1917 trat Russland aus dem kolonialen ‚Spiel' aus. Die Veröffentlichungen der Geheimabkommen durch die sowjetische Regierung lösten eine Welle des Widerstandes der arabischen Völker gegen die selbsternannten ‚Mandats'staaten England und Frankreich aus, die jedoch erst nach Jahrzehnten zur Befreiung von den Kolonisatoren führte.

Die Hauptpunkte des Sykes-Picot-Abkommens wurden in der Konferenz von Sanremo vom April 1920 bestätigt, auf der die drei Völkerbundmandate für England und Frankreich beruhen, die am 24. Juli 1922 ratifiziert wurden.

Der erste Weltkrieg und der Süden

Das Sykes-Picot-Abkommen war der Entwurf, den England und Frankreich nun mit militärischer Gewalt umsetzen wollen.

Kulturhistorisch, ökonomisch und demographisch zusammengehörige Gebiete wurden aufgespalten, um so kolonialistische Zielsetzungen zu präjudizieren (Beispiele: Senegal / Gambia; Äthiopien / Eritrea; ferner eine Reihe Ministaaten in Afrika und in Arabien).
Die Demarkationslinien programmierten Grenzkonflikte zwischen benachbarten Staaten ein, da sie – nicht ohne Absicht – Grundaspekte der territorialen, historischen, wirtschaftlichen und demographischen Integrität außer acht gelassen haben.
Eine rohstoffreiche Gegend wurde umzirkelt, vom armen Hinterland abgezweigt und zum selbständigen Staat erhoben, der wegen seiner Isolation nicht anders bestehen konnte als durch die Abhängigkeit und den Schutz des Imperialismus. So entstanden z.B. die ölreichen Fürstentümer und Erdöloligarchien entlang dem Arabischen Golf.

Das Selbstbestimmungsrecht der Völker wurde mit Füßen getreten. In keinem einzigen Fall wurden die Völker im Einzugsgebiet gefragt. Im Gegenteil, die Grenzziehungen durch eine integrierte Region widersprachen den Bedürfnissen der Menschen und ihrem Zusammengehörigkeitsbewußtsein.
Die imperialistische Kartographie hat die Grenzen bewusst so gezogen, daß sie Streitanlässe begründeten. Das Sykes-Picot-Abkommen schuf das Potential für Dauerkonflikte zwischen benachbarten Staaten. Grenzstreitigkeiten wurden vorprogrammiert. Interventionsmöglichkeiten für den Imperialismus wurden präjudiziert.

Um aufzuzeigen, wie die Verbündeten im Ersten Weltkrieg gleichzeitig miteinander rivalisierten und doch sehr unter sich einig waren, wenn sie gegen die Völker des Südens agierten, sei hier der Sykes-Picot-Vertrag genannt, die noch heute gültige Kartographie der Welt. Sie ist nach wie vor von diesem imperialistischen Diktat bestimmt und nicht von einem freien Selbstbestimmungsrecht der Völker. Das 1916 unterzeichnete Sykes-Picot-Abkommen wurde mehrfach abgeändert und war oft Gegenstand des Handels unter den imperialistischen Staaten.

Der Krieg wurde 1918 in Europa beendet. Frankreich leitete seine gesamte Armee, die gegen Deutschland eingesetzt war, nach Syrien um. Die Syrer haben sich in einem heroischen, aber auch verlustreichen Befreiungskampf gewehrt. Der syrische Widerstand hat Frankreich zermürbt, so daß es England um Hilfe bitten mußte. England stellte für die gewährte Hilfe die Bedingung, daß das Sykes-Picot-Abkommen revidiert werden solle, was von Frankreich zunächst nicht akzeptiert wurde, denn England verlangte dafür einen hohen Preis: Frankreich sollte auf die erdölreiche Region um Mosul und Kirkuk verzichten. Diese traditionell syrischen Gebiete sollten dem Irak zugeschlagen werden. So gerieten sie unter englischen Einfluß.

Frankreich mußte sich jedoch beugen, da es Interesse an Grenzverschiebungen in Europa hatte. Die beiden Staaten verhandelten erneut.
Frankreich hatte 1871 infolge des preußischen Einmarsches Elsaß-Lothringen an Deutschland verloren. Es wollte dieses Gebiet wieder zurückgewinnen. Die Angliederung von Elsaß und Lothringen an Frankreich erfolgte in Versailles *ohne Abstimmung*, wurde am 28.06.1919 mit unterzeichnet und trat am 10.01.1920 in Kraft.[5]

Der Versailler Vertrag, der praktisch allein zwischen England und Frankreich ausgehandelt und von ihnen bestimmt wurde, legte in seinen Teilen II und III die Unterwerfung Syriens unter Frankreich, Iraks unter England fest. Die Grenzen Syriens und Iraks wurden zudem ausschließlich von England und Frankreich nach ihren internen Vereinbarungen definiert. Nun wollten sie ihren eigenen Sykes-Picot-Vertrag abändern. Die politische Geographie der arabischen Welt sollte ihrem Willen nach rein europäischen Interessen folgen.
Die historischen Grenzen der beiden Nachbarstaaten Syrien und Irak wurden dabei nicht berücksichtigt. Da die Grenzregion sehr reich an Bodenschätzen, insbesondere Erdöl, ist, hätte es zwischen Syrien und Irak nach ihrer Unabhängigkeit zu Konflikten kommen können. Dank der Umsichtigkeit der Regierungen beider Länder konnte eine solche Situation gebannt werden. Es ist nie zu einem irakisch-syrischen Krieg gekommen.

IV. Die Balfour-Deklaration 1917

Im Herbst 1917 lief der europäische Krieg auf Hochtouren. Man stellte aber schon realistische Prognosen über seinen Ausgang auf. Deutschland könne den Krieg nicht gewinnen. Gleichwohl ging der Krieg weiter. Auf den Schlachtfeldern starb die Jugend u.a. durch deutsches Giftgas. Giftgasbomben vernichteten Menschen, Organismen und Pflanzen, verseuchten Luft, Wasser und Boden. Die Halbwertzeiten einzelner Stoffe reichen bis zu Jahrtausenden und Jahrzehntausenden und belasten die Biosphäre mit unübersehbaren Folgen.

---

[5] Teile II und III des Versailler Vertrags.

Deutschland war bereits 1917 faktisch besiegt worden. Gleichwohl ging der Krieg weiter. Gnadenlos laufen die Schlachten nicht nur an den Fronten. Jeder Ort ist potentiell ein Angriffsziel. Die Kriegsmacher lassen sich durch die großen Verluste an Soldaten und Zivilbevölkerung nicht beeindrucken. Ihnen geht es nur um die materiellen Vorteile und die Besitzansprüche.

England betrachtet sich bereits als Sieger des Weltkriegs. Es beginnt, die Welt nach seinen Wünschen zu ordnen. Es ist bemerkenswert, mit welcher Vorrangigkeit alle imperialistischen Staaten die Palästinaregion für sich beanspruchen wollen. In allen Kriegsplänen erhält sie eine absolute Priorität.
Am 2. November 1917 gab der englische Außenminister James Balfour die nach ihm benannte Balfour-Deklaration heraus. Diese Erklärung betrifft Palästina. Sie markiert die Wende im Ersten Weltkrieg. Dieser Tatsache wollen wir etwas genauer nachgehen.

Bei der „Balfour-Deklaration" handelt es sich um einen Brief des englischen Außenministers Balfour an „My dear Lord Rothschild".[6] Der Empfänger der Balfour-Deklaration ist ein Enkel jenes Rothschilds, welcher schon 1878 am Berliner Kolonialkongreß unter den europäischen Staatsoberhäuptern, oder vielleicht über ihnen, Platz genommen hat. Dieser seinerseits ist ein Urenkel jenes Rothschilds, der 1815 als auffälligste Persönlichkeit am Wiener Kongreß teilnahm und die bevorstehenden Aggressionen finanzierte.

a) Plan zur Gründung eines zionistischen Staats auf palästinensischem Boden.

1. Kernaussage der Balfour-Erklärung ist das Versprechen der englischen Regierung, den Plan der Errichtung einer jüdischen Heimstätte mit Wohlwollen zu unterstützen. Diese Heimstätte soll jedoch nicht in Europa und schon gar nicht in England errichtet werden, sondern in Palästina.
2. Zuvor – im Jahr 1914 – stellte England Palästina bereits unter seine Hoheit als ein sog. „Britisches Mandat".
3. England begeht Vertragsbruch an dem von ihm selbst erstellten Mandatsvertrag. Es begeht Verrat am palästinensischen Volk. England verspricht „Mandat" und begeht „Verrat".
4. Die Balfour-Deklaration richtet sich nicht an das betroffene Volk Palästinas. Der Adressat war weder eine völkerrechtlich anerkannte Institution noch eine sonstige internationale Öffentlichkeit, sondern die Privatperson: „Rothschild".[7]

---

[6] Wortlaut in deutscher Übersetzung, Khella, Geschichte der arabischen Völker, Hamburg (4. Aufl.) 1994, S. 217 ff.
[7] Ebd., S. 217 ff.

5. Nicht uninteressant ist auch der Aspekt von Kontinuität der imperialistischen Politik. Der Adressat der Balfour-Deklaration ist ein Enkel jenes Rothschilds, welcher schon 1878 als graue Eminenz den Berliner Kolonialkongreß kontrollierte. Schon beim Wiener Kongreß bot die reiche Familie Rothschild die Finanzierung der dort beschlossenen Kriege an, die bald gegen die arabischen Völker starteten.

b) Palästina

Die wichtigste Beute des Ersten Weltkriegs, die Balfour-Deklaration, markiert den Sieg Englands über Deutschland.
Der Zeitpunkt der Herausgabe der Balfour-Deklaration ist nicht zufällig bestimmt. Sehr interessant ist die Frage: Warum erst jetzt Balfour?

Daß alle imperialistischen Staaten Zugriff auf Palästina haben wollten, ist spätestens seit Beginn der Kreuzzüge augenfällig geworden. Was die Neuzeit betrifft, sehen wir an den großräumig angelegten Aggressionen Frankreichs seit 1798 dessen erstes Ziel Ägypten und Palästina. Das gesamte 19. Jahrhundert ist geprägt durch europäische Aggressionen gegen und um Palästina. Für das 20. Jahrhundert machen schon die Memoiren Theodor Herzls (1860-1904) deutlich, wie sehr er das Interesse aller europäischen Mächte an Palästina auszunutzen wußte. Nun, am momentanen Ende des langen Ringens, polarisiert sich die Rivalität um Palästina zwischen Deutschland und England.

Hauptverbündeter des Zionismus war bis dahin Deutschland. Es war schon immer jene Macht, die seit dem frühen 19. Jahrhundert und besonders unter Helmuth von Moltke (1800-1891) den Siedlerkolonialismus in Palästina mit großer Beharrlichkeit und Konsequenz betrieb. Die Deutschen waren bestrebt, ein absolutes Monopol über Palästina zu haben und in dieser Frage keinerlei Herausforderung zu dulden.

Bis 1917 stand Palästina unter der Herrschaft der Osmanen. Deutschland konnte keine militärischen Positionen in Palästina errichten, versuchte jedoch durch sogenannte „Palästina-Deutsche" sich dort anzusiedeln.
Die Herausgabe der Balfour-Deklaration signalisiert die eindeutige Verschiebung des Kräfteverhältnisses von Deutschland nach England. Es fällt auf, daß England mit der Balfour-Deklaration lange gewartet hat. 1914 hatte England ja schon erklärt, daß Palästina ein britisches Interessengebiet sei. Bereits am 16. Mai 1916 war Palästina England mit Vorbehalt zugeteilt. Die Palästinafrage war

nicht nur regional, sondern auch international ein derart brennendes Anliegen, daß England seinen Zugriff nur als vorläufig ausgab.

Unterdessen ging der Krieg weiter. Im Herbst 1917 wird Palästina von England militärisch besetzt. Trotzdem konnte England nicht soweit gehen, 1917 einen anderen Staat auf palästinensischem Boden als das arabische Palästina zu proklamieren.

Obwohl wir wissen, daß die englischen bzw. deutschen Pläne darauf aus waren, einen siedlerkolonialistischen Staat auf palästinensischem Boden zu errichten, ist England als Sieger des Ersten Weltkriegs doch sehr vorsichtig. Es stellt diese angestrebte Gründung nur in Aussicht. Ganz sicher war diese also noch nicht, auch nicht im Herbst/Winter 1917, als englische Truppen in Palästina einmarschierten.

Sykes-Picot zeigt(e) die künftige Einteilung der Welt in Einflußgebiete an. Die Zukunft Palästinas blieb dabei offen. Die heimliche Tendenz – Palästina nicht den Palästinensern – wird verschleiert. Es wird sogar betont, daß die Rechte des palästinensischen Volkes nicht angetastet werden.

Nachdem in Europa die Hackordnung unter den Kriegsparteien vorläufig entschieden wurde, fangen die potentiellen Sieger mit den Aggressionen auf ihre künftigen Opfer an. Einmal mehr zeigte sich, welche Priorität der Imperialismus Palästina beimißt.

Im Herbst 1917 gelang es England, von Ägypten aus über den Sinai in Palästina einzumarschieren. Die arabische Bevölkerung leistete heroischen Widerstand, so daß die schwerbewaffneten Engländer nur mühsam vorankamen, aber strategisch wichtige Bezirke unter ihre Kontrolle bringen konnten. Am 8. Dezember 1917 besetzte die englische Armee unter Feldmarschall Allenby die palästinensische Hauptstadt Al-Quds (Jerusalem).
Obwohl die Palästina-Deutschen keinen Widerstand geleistet haben, ließ Allenby zweitausend von ihnen verhaften. Andere stellten sich bereitwillig in den Dienst Englands oder flohen aus Palästina. Damit signalisierte Allenby, Palästina gehöre England. Palästina gehört weder England noch Deutschland noch den Zionisten. In Palästina lebt das arabisch-palästinensische Volk seit altersher.

In Europa ist man immer noch fleißig dabei, das Rad der Geschichte zurückzudrehen. Deutschland ist sich dessen bewußt, daß es den Krieg nicht gewinnen kann. Es führt den Krieg jedoch weiter mit der Leitlinie, retten, was zu retten ist.

Dabei klammert es sich mit Händen und Füßen an Palästina als größter außenpolitischer Priorität fest.

Nach den in Deutschland gespielten Szenarien sollte nicht der englische Außenminister den Anspruch auf Palästina (Balfour-Erklärung) erheben, sondern der deutsche. Als die Balfour-Deklaration bekanntgeworden war, erwachten die deutschen Politiker. Das erhaltene Archiv des deutschen Auswärtigen Amts zeigt heute noch die Schockwirkung, welche die Balfour-Deklaration in Deutschland bis zum Kaiser hinauf bewirkte.
Es wurden sofort Maßnahmen ergriffen, um der Entwicklung entgegenzuwirken. Nach Beratungen über Weihnachten und Neujahr gab die deutsche Regierung eine Gegenerklärung heraus, die sich inhaltlich mit der Balfour-Deklaration deckt und nur anstelle Englands Deutschland einschiebt (daher von uns ironisch die „deutsche Balfour-Deklaration" genannt). Es handelte sich um eine deutsche Sofortreaktion auf den englischen Vorstoß hin. Am 4. Januar 1918 war die deutsche Gegenerklärung, d.h. die offizielle deutsche Sympathie mit dem zionistischen Plan eines Staates auf palästinensischem Boden, ausgesprochen. Die deutsche Deklaration war unterstützt durch viele Begleitmaßnahmen, welche keineswegs nur ihr Bündnis mit der zionistischen Bewegung unterstrichen. Vielmehr bekundeten sie die Entschlossenheit Deutschlands, an Palästina festzuhalten und es durch die Zionisten unter seinen Einfluß bringen zu wollen.

Der Verlust Palästinas an England stellt eine große Niederlage für Deutschland dar. Es war ja Deutschland, das bisher die zionistische Bewegung an deutsche Interessen binden konnte. Es förderte den Zionismus und investierte nicht wenig für die Gewinnung von Positionen in Palästina. Nun kommt England und beraubt Deutschland seines wichtigsten Kriegsziels. Mit einem Handstreich stellt England Palästina unter seinen angeblichen Schutz. Die zionistische Bewegung und Rothschild nehmen von da an mit dem Palästinaprojekt primär englische Interessen wahr.

c) Der geplante zionistische Staat als Bastion gegen den Osten und die sozialistische Revolution.

Die Balfour-Deklaration wird synchron mit der Oktoberrevolution und der Ausrufung der Sowjetunion herausgegeben und umgesetzt. Der Siedlerkolonialismus auf palästinensischem Boden – zunächst nur eine Absichtserklärung durch die Balfour-Deklaration – beugt einer Ausdehnung der Revolution jenseits des Zarenreiches vor. Das siedlerkolonialistische Palästina *soll künftig als Auf-*

marschgebiet sowohl gegen das Kernland der Osmanen wie natürlich in erster Linie gegen die arabische Region gerichtet werden.

d) Der geplante europäisch orientierte zionistische Staat als Brückenkopf und Sprungbrett des Imperialismus in die arabische Welt.

Die Gründe für die außerordentliche Bedeutung, welche der Imperialismus Palästina beimißt, liegen auf der Hand. Palästina verfügt über eine ungewöhnliche strategische Bedeutung. Es liegt am Schnittpunkt der drei Kontinente der alten Welt. Palästina ist das Tor zu den Weltmeeren. Vor allem aber zählt die Frage, dass, wer die Herrschaft über den arabischen Raum und seine großen Reichtümer anstrebt, Palästina als Brückenkopf und Sprungbrett braucht.
Seit der Balfour-Deklaration bis heute – also inzwischen seit hundert Jahren – werden die westlichen Staaten nicht müde, den Palästinensern im besonderen und den Arabern im allgemeinen zu beteuern, sie werden sich um eine gerechte Regelung des Palästina-Konflikts bemühen. Eine Lösung wird versprochen, aber keine wird realisiert. Die westlichen Staaten kündigen den Ausgleich an und schaffen den Konflikt. Sie sprechen vom Frieden und machen den Krieg. So kann man die imperialistisch-zionistische Palästina-Politik – retrospektivisch auf hundert Jahre zurückbetrachtet – zusammenfassen.

e) Die imperialistischen Staaten koordinieren ihre Palästinapolitik – jenseits der europäisch-europäischen Frontstellung im Weltkrieg.

Es zeigt sich, daß sowohl das im Ersten Weltkrieg besiegte Deutschland als auch das siegreiche England weiterhin Einfluß in Palästina haben sollen. Sowohl England als auch Deutschland haben unmittelbar nach dem Ersten Weltkrieg damit begonnen, ihre paramilitärischen Organisationen in Palästina auf- und auszubauen, auszubilden und auszurüsten: England die „*Haganah*", Deutschland die „*Irgun*". Daneben entstand auch die Gruppe „*Stern*" unter US-Einfluss. 1948 haben sich alle drei Organisationen zur israelischen Armee zusammengeschlossen.

3. Der Krieg der Medien

Der Krieg wird auf vielen Ebenen geführt. Mit dem Ersten Weltkrieg wird eine neue Qualität erreicht: „Der Krieg der Medien“. Rundfunk, Film und Kino werden zu diesem Zweck instrumentalisiert. Das Kino genoss zu damaliger Zeit einen ganz besonderen Wert. Es war eine große Attraktion. Als Mittel der Freizeitgestaltung stand es ganz oben an und war in seiner Art konkurrenzlos.

Das Medium „Wochenschau“ wird erfunden. Die (deutsche) „Wochenschau“ ist ein Paradebeispiel dafür, wie der Krieg alle Bereiche der Wissenschaft, Kultur und Kunst durchdringt. Die Wochenschau wurde für militärische, expansive Zwecke erfunden – sie entstand 1917. Sie war von Anfang an als Mittel der Staatspropaganda, besonders der Kriegspropaganda, gedacht.

Von Deutschland ausgehend wurde die „Wochenschau“ als Waffe im Ersten Weltkrieg eingesetzt. Zielgruppen der Wochenschau waren nicht allein deutsche und andere europäische Zuschauer, sondern ebenso das Ausland und speziell die arabische Welt. Unter den Bildern standen arabische Begleittexte. Wo sie konnten, versuchten deutsche Auslandsvertretungen Vorführungsmöglichkeiten für die Wochenschau in afrikanischen und asiatischen Ländern zu beschaffen. Es wurde erreicht, daß die wöchentliche Neuausgabe der Wochenschau als Kurzfilm im Beiprogramm der öffentlichen Kinos gezeigt wird. Damit erschien die Wochenschau nicht als eine aufdringliche Propaganda, sondern als eine begehrte, neutrale und objektive Information über wichtige aktuelle Ereignisse.
Die Wochenschau war im In- und Ausland eines der Hauptpropagandamittel der Kriegsmacher. Wie auf dem Gebiet der massenmörderischen Waffen wetteiferten die imperialistischen Staaten untereinander auf der Ebene des Medienkrieges. Rasch konnten Frankreich und England ihren Rückstand wettmachen und mit einem eigenen Kinojournal mit Deutschland konkurrieren. Die Kinoprogramm-Ära tritt ihren Höhenflug an. Mit ihr steigt die mediale Manipulation.

Tendenz der Medienarbeit ist der Appell an die Völker der Welt, Verständnis für ihre europäischen „Partner“ zu haben. Es wird suggeriert, daß die Europäer nichts gegen Afrika, Asien, Arabische Welt haben. Sie wollen ebenfalls Frieden, doch werden sie von Deutschland bedroht bzw. umgekehrt Deutschland würde von Frankreich und England bedroht.
Die Wochenschau kam erst im letzten Abschnitt des Ersten Weltkriegs in Gebrauch und erwies sich als zukunftsweisend für die ungeheure Macht der filmi-

schen Propaganda. Man kann sagen, daß für die Militärpropaganda der Erste Weltkrieg ein Experimentierfeld für den Zweiten Weltkrieg war.

Der „Krieg“ und die „Darstellung des Krieges“ sind zweierlei. Die Kriegsmacher führen den Krieg auf allen Ebenen, auf den Schlachtfeldern gegen das feindliche Militär und gegen die Zivilbevölkerung unter Einsetzung aller Wissenschaften, Techniken, Einrichtungen und ganz besonders durch die Medien.

Die Bilder zur ‚Wochenschau' können am Kriegsschauplatz entstehen oder auch im Studio inszeniert werden. Die Texte zu den Aufnahmen entstehen unabhängig von den Bildern. Im Studio werden die Aufnahmen angesehen und auf ihre öffentliche Wirkung getestet. Nicht auf die reale Situation, die Historizität und Wahrhaftigkeit, sondern auf die scheinbare Kongruenz wird geachtet. Man kann also sagen, die Nachrichten über den Krieg entstehen nicht an der Front, sondern in der Redaktion, genauer, im Propagandaministerium.

Die technische Fertigstellung der ‚Wochenschau' achtete darauf, daß sie als eine „Dokumentation“ erscheint, real aber war sie eine Fiktion. Eine Ausgabe entstand folgendermaßen: Zunächst wurden die Bilder gedreht (wir befinden uns noch immer in der Zeit des Stummfilms), aufgenommen von Berufsfotographen bzw. Kamerateams. Diese wußten vermutlich selber nicht genug über die Zusammenhänge des Krieges, sondern nur das, was sie ihrerseits von der Staatspropaganda zur Kenntnis genommen haben. Sie waren womöglich unpolitisch, jedenfalls haben sie nicht viel über ihre Arbeit nachgedacht. Als Kriegsberichterstatter bestand ihre Aufgabe nur darin, gute, publikumswirksame Aufnahmen ihren Studios zu übermitteln.

Im Studio saßen die Texter an ihren Schreibtischen und erstellten – gemäß Propagandaanweisungen – geeignete Texte. Dafür suchten sie die entsprechenden Bilder, die von den Frontfotographen gelieferten Aufnahmen wurden sortiert. Aus dem sortierten Bildmaterial suchten sich die Redakteure eindrucksvolle passende Bilder aus. Umgekehrt wurden imponierende Bilder herangezogen, für die man passende Texte verfaßte. In beiden Fällen entstehen Bilder und Texte unabhängig voneinander und unabhängig von den wahren Tatsachen an der Front. Die Leute, welche diese schrieben, kannten oft den Kontext nicht, in dem die Aufnahmen entstanden waren. Sie überlegten sich anhand der vorliegenden Bilder, was damit den Zuschauern berichtet werden kann. Dazu brauchten sie nicht unbedingt zu wissen, was vor Ort real stattgefunden hat, sondern nur das, was der Staat den Medienkonsumenten mitteilen will.

Auf die Sprache und den Text kommt es an – nicht auf eine Tatsachendokumentation. Primär ist der Text. Das Bild soll den manipulativen Effekt verstärken. Bild und Ton zusammen lassen selbst fingierte Nachrichten und Falschmeldungen glaubwürdig erscheinen. In der Zeit des Stummfilms entstand eine lautlose Serie von Bildern. Die Wochenschauen hatten begleitenden Ton und musikalische Umrahmung (Militärmarsch und Kampfmusik).

Im Prinzip ist dieses Vorgehen heute nicht viel anders, im Gegenteil schließt die Digitalisierung den Kriegspropaganda-Agenturen weit ungeheurere Möglichkeiten auf. Mit Sicherheit werden auch heute die Kommentare zu den Tages- und Wochenschauen nicht von denen geschrieben, welche die Bilder dazu gedreht haben.

Die Funktion der Wochenschauen erkennt man, wenn man sich in den geschichtlichen Standort versetzt, in dem sie gezeigt wurden. Die Menschen waren noch nicht überfüttert mit darstellender Unterhaltung, Bildern und Vorführungen. Die Einsetzung von Film und Kino in die Kriegspropaganda war recht spektakulär, ein Erlebnis nicht ohne sensationelle Effekte. Die Propaganda war sehr schlagkräftig. Die Zuschauer wären auch begeistert gewesen, wenn es keine militärischen Themen wären. Sie wurden aber mit Kriegspropaganda geimpft, ohne es vielleicht zu wollen oder zu merken. Gleichwohl nutzte man das Thema „Krieg“, um die latente Gewaltlust bei den Zuschauern anzusprechen.

Sämtliche Kriegsmächte legten großen Wert auf die Meinungsbildung in der arabischen Welt. England und Frankreich unternahmen große Anstrengungen, um Sympathien zu gewinnen. Sie taten alles, um ihre Kriegsverbrechen zu verschleiern, zu verstecken, zu beschönigen und zu legitimieren. Bei diesem Geschäft wollte Deutschland natürlich nicht ausmanövriert werden. Mit der ‚Wochenschau’ wandte sich der deutsche Staat bzw. sein Propaganda-Apparat vorrangig an die arabische Region. Die Bedeutung, welche Berlin der arabischen Welt beimaß, erklärt auch die großen Anstrengungen, die zur Pflege der Arabistik und Orientalistik in Deutschland unternommen wurden. Mit besonderer Intensität sollte das Image Deutschlands aufpoliert werden. Es sollte nicht als Feind, sondern als Freund erscheinen. Die ‚Wochenschau’ sollte dazu beitragen. Sie wirkte den englischen und französischen Darstellungen entgegen und erwies sich als ein effektives Propagandamittel.
Die Wochenschauen bekamen arabische Untertitel oder gesprochene Begleittexte. In den aufnahmebereiten arabischen Kinos wurden sie nicht später gezeigt als in Deutschland selbst. Es gab kein Fernsehen und kein Video. Der Rundfunk

war begrenzt verbreitet und die Zeitung nur Lesekundigen zugänglich. Insofern erlangte die Wochenschau eine breitere Öffentlichkeit und große Wirksamkeit.

Selbstverständlich waren die Deutschen bestens informiert über die Verbrechen Englands und Frankreichs in Nordafrika, Syrien, Irak und anderswo; doch hat die deutsche Propaganda peinlichst genau darauf geachtet, nichts davon an die arabische Öffentlichkeit durchsickern zu lassen. (!) England und Frankreich haben es analog getan.

4. Das Ende des innereuropäischen Krieges 1918 und die Wiederaufnahme des Krieges gegen die Völker des Südens.

Das europäische Geschichtswerk lehrt, der (Erste) Weltkrieg sei 1918 beendet worden. Das gefährlichste Phänomen an diesem Exposé von Geschichte ist das Fehlen jeglicher Sensibilität für das Leiden der Völker und der Verlust eines jeden Unrechtsbewußtseins. Man muß absolut nichts von Geschichte wissen, um so etwas wie „der Erste Weltkrieg sei 1918 beendet worden" guten Gewissens behaupten zu können. Es ist weder akademischer Luxus noch Nervenkitzel für uns, die Entmythologisierung von Legendenbildungen vorzunehmen.

Es ist eine Frage von größter aktueller Bedeutung, laut zu sagen: Ihr irrt Euch gewaltig, wenn Ihr behauptet, der Weltkrieg sei im zwanzigsten Jahrhundert zweimal zu Ende gegangen. Er geht heute noch weiter und hat weder 1918 noch 1945 aufgehört. Geschichtsrevision ist dringend notwendig.
Bei Anerkennung der großen Leiden der europäischen Menschen in den vier Kriegsjahren – von 1914 bis 1918 – muß festgestellt werden, daß das Inferno der Völker im Süden seitdem noch weiter aufgeheizt wird.

Im Ersten Weltkrieg haben sich junge Menschen aus Afrika und Asien in Solidarität mit England, Frankreich und Rußland in dem Bewußtsein verbündet, daß diese Länder Opfer eines ungerechten Angriffskrieges von seiten Deutschlands geworden sind. Die jungen Männer verpflichteten sich, Europa ebenso zu befreien, wie sie ihre eigene Heimat in Afrika oder Asien befreien wollten. Freiheit ist unteilbar. Die Afroasiaten waren bereit, ihr Leben für die Freiheit der Europäer – oder auch in anderen Kontinenten – zu opfern. Sie standen mit ihren europäischen Kameraden Schulter an Schulter.

Schauen wir uns aber die europäische Literatur über den Ersten Weltkrieg an, die sehr umfangreich ist. Die Tatsache, daß die Armeen zum großen Teil, teilweise sogar mehrheitlich von Afrikanern und Asiaten getragen waren, verschwindet aus der europäischen Geschichtsschreibung nahezu total.
England und Frankreich haben den Weltkrieg militärisch gewonnen und moralisch verloren. Die Undankbarkeit der Europäer ihren Befreiern gegenüber ist nur der eine Aspekt dieser Tragödie. Das Szenario geht noch weiter.

Die jungen Afrikaner, Araber und Asiaten haben ihre Familien verlassen. Sie opferten ihre Jugend und ihr Leben und trugen die Folgen des Krieges, um ihren europäischen Verbündeten beizustehen. Die afroasiatischen Kämpfer lösten ihr

Versprechen ein. Sie gingen von der Vertragstreue ihrer europäischen Verbündeten aus, daß nach dem Weltkrieg auch ihre Länder in Afrika und Asien die Freiheit erlangen würden.

I. Die Befreier Europas sind die Verlierer des Weltkriegs (1)

Im November 1918 war der Erste Weltkrieg zu Ende gegangen.

Afrikaner, Araber, Inder und andere, soweit sie den Krieg überlebten, kehrten in ihre Heimatländer zurück. Sie hatten ihren Verbündeten Frankreich und England geholfen. Stolz berichteten sie: Der Krieg in Europa ist beendet worden. Nun sind wir im Besitz des lang ersehnten, hart erkämpften Ergebnisses des Krieges: Ende des Besatzungsstatus – für Europa ebenso wie für Afrika und Asien. Wir hier in Afrika bzw. in Asien sind jetzt frei. So wörtlich. Die Menschen freuten sich darauf, daß Freiheit nicht nur in Europa, sondern auch in Afrika und Asien Realität geworden war. Sie begannen überall, Demokratien durchzusetzen, Parlamente aufzubauen, um die Verhältnisse, so wie sie vor den europäischen Aggressionen von 1885 bestanden hatten, wiederherzustellen und neu zu ordnen. Sie erklärten sich als freie Völker. Sie lebten nun ohne Bevormundung, Unterdrückung und Ausbeutung durch Europa.
Eine neue Ära der Weltgeschichte hat begonnen. So exakt läßt sich die Stimmung unter den arabischen, asiatischen und afrikanischen Völkern unmittelbar nach dem Ersten Weltkrieg beschreiben. Es hat jedoch nur kurze Zeit gedauert, bis die Sieger des Ersten Weltkriegs ihre Armeen vom Schauplatz Europa zu neuen Schlachtfeldern in Afrika und Asien umdirigierten – diesmal gegen ihre eigenen Befreier. Gnadenlos wurden Unabhängigkeitsbewegungen bombardiert, Bevölkerung im Süden, besonders in Nordafrika, mit Giftgas vernichtet. Massaker waren an der Tagesordnung. Blut bedeckte den afroasiatischen Doppelkontinent. Die Freiheitseuphorie sollte im Keime erstickt werden.

Es ist purer Zynismus, wenn in den europäischen Geschichtsbüchern steht, daß als Ergebnis des Ersten Weltkrieges die Welt unter den Kolonialmächten neu aufgeteilt worden sei. Auch Lenin und die Komintern (Kommunistische Internationale) reden von der Umverteilung der Welt unter den Kolonialmächten wie von einer Selbstverständlichkeit. Die „Umverteilungsthese" korreliert mit der Vorstellung von „Völkern ohne Geschichte". Die Europäer teilen, verteilen und umverteilen den Kuchen, der ihnen gehört, wie sie meinen. Die betroffenen Völker haben nichts zu sagen. Wenn sie für ihre Freiheit kämpfen und sterben, dann sind sie selber schuld.

Folgendes ist richtig: Die Völker in Afrika, Asien und dem arabischen Raum haben 1918 damit begonnen, die Verhältnisse, die vor dem kolonialen Angriff des neunzehnten Jahrhunderts bestanden haben, neu zu ordnen. Politische Organe sind eingerichtet, Volksversammlungen einberufen, Parlamente gegründet worden.
Von „Aufteilung“ und „Umverteilung“ ist keine Rede. Es muß heißen: Über Blutmeere zogen die Europäer erneut in die Dreikontinente.

Man macht es sich sehr leicht, wenn man den Krieg auf der Basis der öffentlichen Darstellung der kriegführenden Parteien darstellt. Es ist ein Irrweg, die veröffentlichte Meinung mit der Realität gleichzusetzen. Diese Tragik prägt die europäische Geschichtsschreibung.

II. Die Befreier Europas sind die Verlierer des Weltkriegs (2)

Die Völker des afroasiatischen Doppelkontinents streben die Unabhängigkeit an und sind bereit, dafür Opfer zu bringen. Die europäischen Mächte, Freunde und Feinde, Verbündete und Gegner, nehmen die Entschlossenheit, die von Afrika und Asien ausgeht, zur Kenntnis. Die Europäer argumentieren: Auch wir wollen die Freiheit. Kämpft mit uns für unsere Freiheit, damit ihr auch frei werdet.
Asiaten, Araber und Afrikaner kämpften auf der Seite Frankreichs und Englands gegen Deutschland, weil es den Weltkrieg verursachte, im Unrecht war und als große Gefahr für den Weltfrieden angesehen wurde Die Brutalitäten der Deutschen sind sensibler registriert worden als diejenigen Portugals, Spaniens, Frankreichs und Englands. Die USA waren bereits imperialistisch und militärisch aktiv, standen jedoch bis 1945 im Hintergrund der klassischen Kolonialstaaten.

Zum Verständnis des Verhaltens von afroasiatischen Staaten im Ersten Weltkrieg muß man vorab herausstellen, daß sie keineswegs als lachende Dritte zugeschaut haben, als es zu einem Krieg zwischen jenen Staaten gekommen ist, die selbst Blutbäder in Afrika und Asien angerichtet haben. Vielmehr betrachteten die arabischen, afrikanischen und asiatischen Völker die Prinzipien der Unabhängigkeit und Freiheit als unabdingbar für alle Völker auf dem Globus. Die afroasiatischen Länder traten für den Weltfrieden ein. Sie stellten sich deshalb auf die Seite Frankreichs und Englands, da sie *als Opfer* einer deutschen Aggression angesehen wurden.
In Afrika und Asien herrschte die Überzeugung, daß der Weltkrieg der letzte aller Kriege sei und auch der Süden mit dem Ende des Kriegs seine völlige Frei-

heit und Unabhängigkeit erlangen und gleichberechtigt mit den europäischen Völkern leben würde. Daß in Europa andere Szenarien geschrieben waren, die erst nachträglich bekannt wurden, konnte man nicht wissen.

Wir haben es hier vermutlich mit dem größten Verrat der Weltgeschichte zu tun. Die anglo-französische Kriegspropaganda im Süden war erfolgreich. England und Frankreich war es möglich, Unterstützung in Afrika und Asien zu finden. Aus antiimperialistischem Bewußtsein heraus interpretierten die Menschen in Afrika und Asien die Situation in Europa in der Weise, daß Frankreich und England Opfer eines deutschen Angriffskriegs geworden und sie auf die Hilfe und die Solidarität Afrikas und Asiens angewiesen waren. Junge Menschen aus Afrika, Asien und der arabischen Welt stellten sich als Soldaten gegen den deutschen Aggressor zur Verfügung. Sie opferten ihr Leben für die Freiheit in Europa.

Nun schauen wir uns die europäische Literatur über den Ersten und Zweiten Weltkrieg unter diesem Aspekt an. Daß Freiheit und Demokratie in Europa auch durch das Blut der Kämpfer aus Afrika und Asien erworben wurden, verschwindet aus dem europäischen Geschichtsbuch nahezu total. Afrikanische, arabische, asiatische und indische Kontingente waren keine Randerscheinung des Weltkriegs. Diese Tatsachen werden bis heute in der europäischen Geschichtsschreibung völlig unterschlagen.

Selbstverständlich haben die Menschen die europäische Frage mit ihren eigenen nationalen Interessen verbunden. Die Freiheit ist unteilbar. Junge Menschen zogen aus dem Süden nach Europa in der Überzeugung, daß, wenn der Friede in Europa hergestellt sein wird, der Friede auch in ihre Länder einzieht; daß es Freiheit in Afrika, Indien und der arabischen Welt geben wird. In diesem Bewußtsein sind die afroasiatischen Soldaten auf den Schlachtfeldern Europas und Afrikas gestorben. Von ihnen spricht heute in Europa kein Mensch mehr.
Wie undankbar die europäischen Historiker sind, die alle diese Opfer aus den Geschichtsbüchern auslöschen! Die aussereuropäischen Soldaten liegen auf den europäischen und besonders auf den deutschen Friedhöfen ohne Hinweis auf ihre Identität. Sie werden anonymisiert. Dafür erfanden die Europäer den Ausdruck vom ***„unbekannten Soldaten“***.

In den Geschichtsbüchern steht, und das ist ebenso im Bewußtsein des europäischen Menschen, daß sich der Weltkrieg zwischen Deutschland, Rußland, England und Frankreich abspielte. Daß in Wahrheit Afrikaner, Araber, Inder und andere Asiaten auf europäischem Boden für den Weltfrieden und für die Freiheit der Europäer und aller Völker gestorben sind, müßte im Schulbuch und im Lehrwerk dringend thematisiert werden. Schulkinder und Studierende sollen wissen, daß sie Afrikanern, Arabern und Asiaten Frieden und Freiheit zu verdanken haben. Diese Völker wurden jedoch nicht nur um die Unabhängigkeit ihrer eigenen Staaten betrogen, sondern obendrein aus dem europäischen Gedächtnis getilgt.

5. Ergebnisse des Ersten Weltkriegs

I. Ausrufung der Sowjetunion

Das erste Ergebnis des Weltkrieges, noch bevor er zu Ende gegangen ist, waren die Oktoberrevolution und die Gründung der Sowjetunion.

Die Frage der UdSSR ist komplex. Es gab im Westen, insbesondere in Deutschland, ein imperialistisches Interesse an der Zerschlagung des Zarenreichs. Was dann aber folgte, entsprach natürlich nicht den Wünschen des Westens.
Die Sowjetunion sollte nicht beliebig bestehen, sondern in einer Weise, die Westeuropa wollte. Deutschland und der imperialistische Westen außerhalb Deutschlands hätten nichts gegen eine Sowjetunion, deren Regierung vom Westen her kontrollierbar wäre.

An dieser Stelle sei ein Exkurs zur Theoriebildung nötig und hilfreich. Er betrifft die Bestimmung der Widersprüche der Weltlage und ihre Reihenfolge. Diese Bestimmung der Widersprüche erlangte in der kommunistischen Theoriediskussion große Bedeutung. Seit 1917 legte sich der sowjetische Marxismus mit Lenin auf die folgende Hierarchie der Widersprüche fest:

- Der allererste Widerspruch in der Weltlage sei derjenige zwischen Kapitalismus und Sozialismus.
- Der zweite Widerspruch sei der Widerspruch zwischen dem Kapital und der Arbeiterklasse.
- Der dritte Widerspruch sei derjenige zwischen dem Imperialismus und den unterjochten Völkern.
- Der vierte Widerspruch sei derjenige zwischen den imperialistischen Staaten.

Der Ansatz, die Widersprüche der Weltlage zu bestimmen, ist sehr hilfreich. An dieser Bestimmung orientiert sich die Praxis. Wenn die Prioritäten falsch gestellt werden, hat dies für die Praxis verheerende Folgen.
Genau dieser Fehler ist der Sowjetunion passiert. Sie hat eine falsche Reihenfolge der Widersprüche aufgestellt. Diese Reihenfolge erwies sich in der Praxis als sehr gefährlich. Die Nachordnung des Widerspruchs zwischen Imperialismus und unterjochten Völkern ist ein Zugeständnis an den Imperialismus. Seit seinem Anbeginn ist dieser Widerspruch aus meiner Sicht der Hauptwiderspruch in der Welt.

Mit diesem Ansatz im Kopf kommen wir auf die noch offene Frage zurück, was waren die Erwartungen des Westens an die Sowjetunion? Was wollte der Impe-

rialismus von ihr? Republikbildung, Sozialismus in engen Grenzen sowie demokratischer Zentralismus waren nicht Gegenstand des westlichen Widerspruchs mit der Sowjetunion
Der Westen wollte vor allem, daß die UdSSR sich nicht auf die Seite der unterjochten Staaten des Südens gegen den Imperialismus stellt. Sie wollten ungestört weiter ausbeuten, ausplündern und die Völker des Südens unterjocht halten.
Die Sowjetunion hat mit der drittrangigen Einstufung des Widerspruchs zwischen den unterdrückten Völkern und dem Imperialismus die Spaltung der Welt in den ausbeuterischen Norden und den ausgebeuteten Süden bestehen lassen.
Zur historischen Aufarbeitung der Sowjetunion ist hinsichtlich des Interesses der imperialistischen Staaten an ihr noch Geschichtsrevision nötig.

Um die Gemeinsamkeit von Interessen zu bestimmen, ist die Frage nach den Prioritäten des Imperialismus entscheidend: Er besteht auf der Spaltung der Welt in den imperialistischen Norden und den ausgebeuteten Süden. Wenn die UdSSR sich konsequent mit dem Süden solidarisiert hätte – für den Sozialismus und gegen den Imperialismus –, hätte sich die Welt geändert. Die Spaltung hätte aufgehört zu bestehen. Es gäbe Frieden, Gerechtigkeit und Gleichstellung weltweit. Das wollte der Imperialismus auf keinen Fall. Er will Spaltung, Krieg und Ausbeutung.

Vor dieser Alternative stand die Sowjetunion. Leider hat sie die bestehende Weltlage mit ihrer Spaltung in Süd und Nord als einen Normalzustand weiter bestehen lassen. Auch in der Sowjetunion bestand ein Nord-Süd-Gefälle. Der Imperialismus honorierte diese Einstellung und war bereit, den West-Ost-Konflikt dem Nord-Süd-Konflikt unterzuordnen.

Dennoch bewirkte der Bestand der Sowjetunion eine Polarisierung zwischen Kapitalismus und Sozialismus und eine reale Spaltung der Welt in ein imperialistisches und ein antiimperialistisches Lager. Diese beiden Widersprüche relativierten sich während der weiteren historischen Entwicklung. Insgesamt war die Realität der Sowjetunion im entscheidend nachteilig für die imperialistische Herrschaft. So half der Imperialismus wesentlich beim Niedergang des Realsozialismus mit; sein Zusammenbruch war jedoch von innen her bedingt. Äußere Faktoren sind nur deshalb wirksam geworden, weil innere Bedingungen des Zerfalls vorhanden waren.[8]

---

[8] Zur Fortsetzung der Analyse sei hingewiesen auf Karam Khella, ‚Krieg und Frieden, Imperialismus heute', Kapitel: ‚Aufstieg und Niedergang des Realsozialismus', S.57-74, Theorie und Praxis-Verlag, 3. Aufl. 2012

II. Niedergang des Osmanischen Reichs

Das zweite Ergebnis betrifft das Osmanische Reich. Der Erste Weltkrieg setzte seiner langen Agonie ein Ende. Das Osmanische Reich war schon vorher im Zerfall begriffen. Durch den steigenden Widerstand in allen besetzten Gebieten, insbesondere im arabischen Raum, aber auch in Anatolien selbst, wurde das Osmanische Reich zunehmend zermürbt. Es wurde nur noch künstlich am Leben gehalten. Die *Vita minima* der Osmanen war für die Europäer eine Lebensversicherung. „Der kranke Mann am Bosporus" war wieder und wieder revitalisiert, an die Herz-Lungen-Maschine aus Westeuropa angeschlossen und künstlich beatmet worden, um seine letzten Kräfte auszupressen. Er hatte immer noch den Auftrag, die arabischen Befreiungsbewegungen, und damit sich selbst zu zerschlagen. Das tat er buchstäblich bis zum letzten Atemzug. Die Osmanen haben den arabischen Raum für den westlichen Imperialismus sturmreif gemacht. Damit war ihre Schuldigkeit getan. Jetzt kann eine der ältesten Dynastien gehen. Der Weltkrieg gab ihrem letzten Vertreter den Todesstoß.

Die arabische Welt feierte ihre Unabhängigkeit vom Osmanischen Reich. England und Frankreich wollen aber die Entwicklung nicht gelten lassen. Sie betrachten den arabischen Raum als „Erbe des Osmanischen Reichs" und teilen dieses unter sich auf. Frankreich und England leiten ihre Armeen, die gegen Deutschland eingesetzt waren, für den Zweck um, den arabischen Freiheitskampf zu ersticken. Von da an fließt das Blut von Widerstandskämpfern und freiheitsliebenden Völkern in der Abwehr gegen die französischen und englischen Aggressoren in Strömen.

Eine entscheidende Fehlentwicklung trat erst im Anschluß an den Niedergang der Osmanen ein. Die Türkei wurde mit westlicher Unterstützung zum Nationalstaat etabliert. Richtiger wäre gewesen, wenn die arabischen Völker und ihre politischen Bewegungen und Organisationen sich mit den großen, bestehenden politischen Bewegungen des türkischen Volks verständigt und verbündet hätten. Es hätte eine Chance gegeben, in der Region dann eine politische Union oder eine Konföderation benachbarter Völker ins Leben zu rufen. Ein analoger Prozeß zur Entwicklung der Sowjetunion wäre durchaus denkbar gewesen. Die Voraussetzungen dazu waren vorhanden. Die Völker der Türkei und der arabischen Welt lebten bereits 400 Jahre in einem einheitlichen Imperium, dem Osmanischen Reich, zusammen. Noch viel länger reichen die kulturhistorischen Bande durch die große orientalische Gesellschaft zurück, in der sie geschichtlich zusammengewachsen waren. Zwar waren sie unter den Osmanen nicht als gleichberechtigte Nachbarn vereint, sondern in Unterdrücker und Unterdrückte dividiert, doch hätte das Erbe der Vergangenheit überwunden werden müssen.

III. Europa – Revision der Machtverteilung in Europa

Das dritte Ergebnis betrifft Europa. Das Kräfteverhältnis hat sich in Europa deutlich verschoben, die alte Struktur ist dennoch dem Prinzip nach geblieben. Deutschland soll nach dem verlorenen Krieg reanimiert werden. Seine Rolle als heimlicher Verbündeter Englands und Frankreichs ist geblieben, sogar gewachsen.

Es überrascht, daß sich die europäischen Kriegsparteien relativ schnell darüber geeinigt haben, wie die Welt unter ihnen aufgeteilt wird. Es fällt dabei auf, wie sehr darauf geachtet wurde, daß das Einvernehmen bleibt und ungestört aufrechterhalten wird. Dieses Prinzip sehen wir am deutlichsten im Umgang mit dem Versailler Vertrag. Dem Wortlaut nach sollte Deutschland kriegsunfähig gemacht werden, real wurde es bald zur größten Militärmacht weltweit.

IV. Deutschland (1) – Der europäisch-europäische Krieg – Inszenierte Feindschaft und heimliche Allianz

Ich habe dargestellt, daß es sich bei den europäischen Kriegsparteien nicht um Feinde, sondern auch um Verbündete handelt. Dieser Tatsache tut es keinen Abbruch, daß hier Menschen in Massen starben, um die jeweiligen Einflußsphären und Interessengebiete zu erweitern. Der Pokalsieger im Krieg ist Weltmeister. Den Kriegsparteien werden ihrer Punktzahl entsprechend Territorien zur freien Ausbeutung zugeteilt. Wer dieses Szenario schreibt, interessiert sich nicht für Menschenleben, sondern für materielle Reichtümer. Das heißt, innereuropäische Gegensätze werden zugunsten eines gesamteuropäischen Sieges über den Süden zurückgestellt.

England und Frankreich lag sehr wohl daran, daß Deutschland diszipliniert wird und nicht die Führung im weltweiten Imperialismus erlangt; aber es lag ihnen keineswegs daran, es zu einem unversöhnlichen Feind zu erklären. Die anglo-französisch-deutsche Allianz schließt Rivalitäten nicht aus (Analog siehe heute die USA und Deutschland. Sie sind Verbündete, aber niemand unterstellt, daß es keine Streitpunkte zwischen ihnen gibt).

V. Österreich

Zerfall der Österreichischen (Habsburger) Monarchie: Die Titulatur „Kaiserlich-Königliche (K.K.) Österreichisch-Ungarische Monarchie“, salopp „K.K.-Monarchie“, auch „Donaumonarchie“ genannt (von 1869-1918), war ohnehin eine Anmaßung. „Ungarn“ in den Titel einzubeziehen unterschlug die Tatsache, daß es von Österreich besetzt und ausgebeutet wurde. Nun verschwindet der Titel für immer. Die Unabhängigkeit Ungarns wird proklamiert.

Es ist klar, daß Österreich als Großmacht ausgedient hat. Es gibt kein anglofranzösisches Interesse, es, analog Deutschland, in seine alte Führungsposition wiedereinzusetzen.

VI. Deutschland (2)

Das vierte Ergebnis betrifft erneut Deutschland. Die Niederlage 1918 setzte der deutschen Monarchie ein Ende. Es folgte eine kurzlebige Phase vereinzelter „Räterepubliken“. Sicher waren diese der deutschen Bourgeoisie nicht genehm. Sie arbeitete rasch daran, sie zu beseitigen, was ihr schnell gelungen ist,[9] da die Räterepubliken in der Bevölkerung nicht fest verankert waren.

Im deutschen Sachbuch lesen wir, das für Deutschland 1918 die Stunde der Niederlage und des Zusammenbruchs eintritt. Das ist aber völlig falsch.
Wenn Deutschland damals in einem solchen Zustand gewesen wäre, dann gäbe es das nicht, was wir heute sehen. Sehr wohl gab es das Interesse, Deutschland zu schwächen und seine Arroganz abzubauen. Man muß aber bedenken, daß die Politik in Europa seit 1815, seit der endgültigen Niederlage Napoleons, eine aggressive Expansion in den Süden betrieb und darauf angewiesen war, die „Heilige Allianz“ zu erhalten, wohl aber auf das Attribut „heilig“ zu verzichten. Die Berliner Kongresse 1878 und 1884 markieren einen festen Schritt im Prozeß des Zusammenschlusses des europäischen Imperialismus – leider nicht zum Wohle der Menschheit, sondern um die Aggressionen gegen den Rest der Welt mit Aussicht auf Sieg zu führen.

Die *Entente (cordiale)* hatte im Ersten Weltkrieg nicht vor, Deutschland zu zerschlagen, wozu sie 1918 durchaus in der Lage gewesen wäre, und was mit Österreich durchgeführt wurde. Vielmehr handelte es sich um einen Streit über die Führungsposition. Die Probleme, die England und Frankreich mit Deutschland

---

9 Der Physiker Werner Heisenberg (1901-76) schreibt, daß er mit der Waffe in der Hand gegen die Republik in München gekämpft hat und rühmt sich dafür.

hatten, durften jedoch nicht in der Richtung geregelt werden, daß sie zur Zerstörung Deutschlands führen würden. Dies hätten die europäischen Staaten nicht tun können, ohne dabei sich selbst zu zerstören. Es ging also darum, ein Verhältnis zu Deutschland zu finden und es gemäß einer revidierten Machtverteilung einzuordnen. Es sollte reglementiert und diszipliniert, nicht aber zerschlagen werden. Von einem Bruch, einer Stunde Null in Deutschland zu sprechen, ist unseriös.

Es ist zu auffällig, daß es die Kriegsmächte nicht darauf angelegt haben, daß der Kriegsverursacher Deutschland auseinander fällt, wie das mit dem österreichisch-ungarischen Imperium geschehen ist. Abgesehen davon, daß die heimliche Allianz von England, Frankreich und Deutschland an Absprachen in aller Interesse gebunden war, hätte eine Zerschlagung des deutschen Zentralstaates zur weiteren Stärkung der Sowjetunion, des Kommunismus und der kommunistischen Bewegung in Deutschland selbst geführt. Die Entwicklung nach 1918 und die Ausrufung von Räterepubliken in Deutschland bestätigen diese Einschätzung.

Eine weitere Geschichtsrevision sei in diesem Zusammenhang genannt. Deutsche Geschichte über diese Zeit wird wie folgt geschrieben:
Krieg, dann Sturz der Monarchie, dann revolutionäre Bewegungen, anschließend Räterepubliken, Bürgerkrieg und Weimarer Republik. Die bürgerliche Demokratie setzt sich durch. Dies ist ein gängiges Geschichtsbild.
In Wirklichkeit hat Deutschland unmittelbar nach dem (Ersten) Weltkrieg damit begonnen, seine Positionen im Ausland aufzubauen. Während Deutschland selbst in Trümmern lag, war es damit befaßt, Positionen innerhalb Afrikas, Asiens und der arabischen Welt erneut zu bilden, als wäre der Weltkrieg nicht gewesen. Es wurde dabei weder von England und Frankreich noch von sonst einer Macht gestört.

Die Palästinadeutschen waren von England Ende 1917/Anfang 1918 verhaftet worden (2.000 Männer), nachdem General Allenby von Ägypten aus über den Suezkanal in Palästina gelandet war und es besetzt hatte. Nach Kriegsende setzte England diese Leute wieder frei, damit sie erneut in Palästina und arabischen Nachbarländern aktiv werden konnten, obwohl es wissen mußte, daß die Palästinadeutschen eine fünfte Kolonne und beträchtliche Hausmacht für Deutschland darstellen und die Position Englands in Palästina streitig machen würden. Überdies ließ England sogar zu, daß die Palästinadeutschen vom deutschen Auswärtigen Amt sowohl finanziell gefördert als auch militärisch bewaffnet wurden. Sie etablierten sich in verschiedenen Städten Palästinas. In Haifa wurde ein

Stadtteil nach ihnen benannt: „Deutsches Viertel", das auch heute noch von Deutschland gepflegt wird.

VII. Der Auftritt der USA auf der weltpolitischen Bühne

Das nächste Ergebnis betrifft die USA. Erstmalig melden sie einen weltpolitischen Anspruch an. Ende des 19. Jahrhunderts konnten sie Spanien drei Kolonien abringen. Seit 1803 agieren sie im Mittelmeerraum und weiter im Süden. 1917 erklärten die USA, eine Weltmacht werden zu wollen, was aber erst 1945 eingetreten ist. Vor allem durch das vorläufige Monopol an Atomwaffen und durch deren kriminelle Anwendung, die den Tod von hunderttausenden Japanern vom 06.-09. August 1945 zu Folge hatte, erwarben sie den Titel „Supermacht". Bei ihrem Auftritt 1917 handelte es sich erst um die Anmeldung eines Anspruchs.

Nach dem Ende des (ersten) Weltkriegs fangen die USA damit an, mit den Europäern das Bestreben um Weltherrschaft zu teilen. Da Österreich durch den Ersten Weltkrieg noch mehr als Deutschland verloren hat, wird seine geschwächte Lage von den USA ausgenutzt. Sie vereinbaren mit Italien einen Deal. Es erhält „Süd-Tirol", „Bolzano" oder „Bozen", das vom US-Präsidenten Wilson der italienischen Regierung im Jahr 1918 zugesprochen wird und seitdem in die italienische Provinz „Trentino-Bolzano" eingegliedert ist. Dafür erhalten die USA das Recht, Stützpunkte auf italienischen Mittelmeerinseln zu errichten. Von dort können die US-Marine und die Sechste Flotte der USA versorgt werden. Seitdem halten die USA die arabischen Länder im Schußfeld. Zu US-Aggressionen gegen arabische Staaten unter logistischer Nutzung der Mittelmeerinseln kam es u.a. in den Jahren 1948, 1956, 1967, 1973, 1982. Diese Aggressionen wurden zusammen mit Israel koordiniert.

VIII. Balfour-Deklaration

Das achte Ergebnis ist die Andeutung der Absicht des englischen Imperialismus, das zionistische Projekt in Palästina, die Schaffung eines zionistischen Staates, zu fördern. Freilich besaßen weder die englische Regierung noch die zionistische Bewegung eine Legitimation dafür, einen fremden Staat über dem Ruin des einheimischen Volkes von Palästina zu errichten. Israel konnte zwar erst 30 Jahre nach der Balfour-Deklaration ausgerufen werden, aber aus der Balfour-Deklaration war deutlich zu lesen, daß dieser Staat in naher Zukunft gegründet werden sollte. Der Widerstand gegen den aggressiven Kolonialismus war sehr stark; deshalb konnte der beabsichtigte Staat nicht wie geplant entstehen. Nicht weniger für die Verzögerung zählt die Tatsache, daß die Juden in der Welt aus verschiedenen Gründen den Zionismus nicht unterstützen wollten.

IX. Aggressionswelle Englands und Frankreichs gegen den Süden

Die in Europa noch verfügbaren Truppen wurden in den Süden umdelegiert. Im Mittelpunkt ihrer Aggressionen stand die arabische Region. England und Frankreich haben von Gebieten im arabischen Raum, in denen Erdölquellen oder andere wertvolle Rohstoffe erschlossen oder zu vermuten waren, Besitz ergriffen.

Gemäß dem Sykes-Picot-Abkommen von 1916 – siehe oben – wurden der Libanon und West-Syrien einschließlich Südost-Anatoliens Frankreich, der Irak England zugesprochen.

X. Aufbruch der Völker des Südens zur Freiheit

Die von Europa unterjochten Länder Afrikas, Asiens und des arabischen Raums nutzten die Zeit zwischen den beiden Weltkriegen zur Realisierung ihrer politischen Vision, die eigene Freiheit zu erkämpfen. Es fällt auf, daß die antikolonialen Aufstände des afro-asiatischen Doppelkontinents nicht Anfang des Ersten Weltkriegs, wo die imperialistischen Staaten voll mit sich beschäftigt waren, sondern erst unmittelbar nach dessen Ende am heftigsten wurden. Die Völker haben tatsächlich loyal zu ihren europäischen Verbündeten gehalten. Dank der Ruhe im Süden hatten England und Frankreich in ihrer militärischen Auseinandersetzung mit Deutschland den Rücken frei gehabt.

Für ihre Loyalität wurden die afro-asiatischen Völker nicht belohnt, sondern bestraft. Das unvorstellbar unmoralische Verhalten der Europäer war den Arabern und ihren afro-asiatischen Nachbarn erst seit der Bekanntgabe des Sykes-Picot-Abkommens gewahr geworden. Es war bis dahin geheim gehalten worden. Erst nach Ausrufung der Sowjetunion im Herbst 1917 hatte deren Außenminister Leo Trotzki im Jahr 1918 Dokumente der Geheimdiplomatie, die sich im Archiv des Zarenreiches (heute „Moskauer Archive") befanden, veröffentlicht.

Noch vor der Bekanntgabe des Sykes-Picot-Geheimabkommens war den Arabern der Verrat der europäischen Mandatsträger durch die Balfour-Deklaration deutlich geworden. Der arabische Widerstand trat erneut auf den Plan.

6. Zur Theoriebildung

Fazit Erster Weltkrieg

Im Ersten Weltkrieg teilten sich die europäischen Staaten in „*Kriegsfeinde*" und „*Kriegsfreunde*". Jeder Staat war dem anderen Feind oder Verbündeter. Die Ausdrücke „Verbündete" und „Feinde" sind stark zu relativieren.

Wir empfehlen, Abschied von der Vorstellung zu nehmen, daß die Kriegsfeinde auf dem Schachbrett die tatsächlichen Feinde gewesen seien. Sowohl im Ersten als auch im Zweiten Weltkrieg waren Frankreich und England keine eigentlichen Gegner Deutschlands. Es gab klare gemeinsame Interessen der „verfeindeten Staaten", die sich aber nur durch einen Krieg realisieren liessen. Diese haben wir in unserer Arbeit analysiert. Zusammengefaßt seien genannt:

1. Die Interessen des „Militärischen industriellen Komplexes (MIK)",
2. die Kanalisierung innerer Klassenkämpfe und ihre Umleitung nach außen,
vor allem aber
3. die Ablenkung der unterjochten Völker im Süden vom Befreiungskampf und ihre Gewinnung als „Verbündete" im europäisch-europäischen Krieg.

Die Beziehung unter den europäischen Kriegsparteien läßt sich salopp als eine „Europa-Meisterschaft" bezeichnen. Selbstverständlich bestanden Rivalitäten unter den Kriegsteilnehmern. Jeder wollte seinen Anteil an der Beute vergrößern. Gleichwohl wußten sie, daß die Rivalität zwischen den einzelnen Staaten die Aggressivitätskraft Europas gegen den Süden beeinträchtigen werde. Im Ernstfall sollte die innereuropäische Rivalität zurückgestellt werden. Der europäisch-europäische Krieg hatte die Funktion, die Hierarchie innerhalb der Hackordnung festzulegen. Somit wird bestimmt, wer sich zuerst am Napf bedienen und wieviel er von der Beute haben darf.

Die eigentliche Front war eine gesamteuropäische gegen den Süden. Die Europäer sind einander Gegner, sich aber einig in der Unterjochung der Völker der übrigen Welt. Daß innerhalb dieses europäischen Bündnisses Rivalitäten bestehen, tut dieser These keinen Abbruch. Daß junge Männer in dem Glauben sterben, sie verteidigten die Interessen des Vaterlandes, ist ebenso Teil dieses Szenarios wie der Tod von Volksmassen, die nicht direkt an der Front stehen.

In der Logik dieser Politik, welche ausschließlich materielle Werte als oberstes Ziel ihres Handelns setzt, zählen weder Opfer in den eigenen Reihen noch Massen in den angegriffenen Ländern und europäischen Städten noch der Völkermord in allen Dreikontinenten noch die Zerstörung der Kultur, Natur, Umwelt und des Lebens überhaupt.

7. Die Zeit zwischen den Kriegen ist Krieg (1919-1939)

1918 atmete die Menschheit auf. Der Krieg ging noch weiter, aber ein baldiges Ende war zu erwarten. Die Vorfreude auf das Kriegsende und den Beginn der Friedensära steckte die Menschen an.

I. Der Nach- und Vorkriegs-Krieg 1919 bis 1939

Auf der anderen Seite des Mittelmeers zeigten die Europäer keine Achtung vor dem Freiheitswillen der Völker. Vielmehr finden die europäischen Staaten, die sich in den letzten Jahren tödlich bekämpft hatten, rasch den Konsens, den europäisch-europäischen Krieg nicht weiterzuführen, um koordiniert die Freiheitsbewegung des Südens zu zerschlagen. Deshalb drängen sie auf eine baldige Beendigung des Krieges, damit sie nicht von dem Unabhängigkeitsbestreben im Süden überrollt würden. Ohne diesen Zeitdruck hätte der europäische Kontinentalkrieg womöglich einen anderen Verlauf genommen.
Der europäisch-europäische Krieg endet also 1918. Erst jetzt jedoch beginnt der eigentliche europäische Krieg: Der Krieg gegen die außereuropäischen Völker, d.h. der wirkliche Weltkrieg. Alle europäischen Staaten verbünden sich eiligst gegen den Rest der Welt.

Zuallererst waren es Frankreich und England, die meinten, die Welt enttäuschen zu müssen. Sie machten mobil gegen Afrika und Asien. Am heftigsten konzentrierten sie ihre Aggressionen gegen die arabischen Länder, insbesondere gegen Marokko, Algerien, Tunesien, Ägypten, Syrien, den Irak und den Sudan. Italien griff Libyen an. Es sind Länder, in denen die Unabhängigkeit bereits proklamiert wurde. Bis dahin beanspruchte das Osmanische Reich die Herrschaft über die arabische Region. Die Araber erkämpften die Freiheit gegen die Osmanen, nicht jedoch zum Tausch gegen den europäischen Imperialismus.

Es ist ganz offensichtlich, daß die europäischen Staaten den Anspruch der Völker des Südens auf Freiheit und Unabhängigkeit voller Verachtung behandelten.

Wir erinnern daran, daß die europäischen Staaten afrikanische, arabische und asiatische Länder als Verbündete mit dem Versprechen gewonnen haben, daß sie mit Kriegsende die Freiheit und Selbstbestimmung erlangen. Nun aber werden die arabischen wie die afrikanischen und asiatischen Völker Opfer erneuter Aggressionen von seiten ihrer eigenen Vertragspartner. Die betroffenen Länder erkannten, daß das Kriegsende ihnen nicht den versprochenen Frieden und die erhoffte Freiheit brachte, sondern neue koloniale Abhängigkeiten. Die europäischen Mächte sahen sich veranlaßt, den Krieg in Europa – vielleicht vorzeitig – zu beenden, Konzessionen gegenüber der jeweils anderen Seite einzuräumen, um den Rücken frei für den eigentlichen Krieg zu haben – den Krieg gegen den Süden.

Beispiele:
Weitestgehende Konzessionen von seiten der Sowjetunion – die sich während der letzten Phase des Ersten Weltkriegs 1917 gegründet hatte – an Deutschland. Unter Lenin verschenkt die Sowjetunion Deutschland weite Regionen, die die SU militärisch nicht besetzen konnte. Lenin selbst versucht in seiner Einleitung zu „Imperialismus als höchstes Stadium des Kapitalismus", den Vertrag von Brest-Litowsk krampfhaft zu rechtfertigen.[10]

An dieser Stelle muß auch die Tätigkeit der Roten Armee kritisch betrachtet werden. Sie hat große Verdienste, aber auch ihre Fehlleistungen. Nicht lange nach der Oktoberrevolution 1917 war sie schon im Einsatz gegen die legitimen Aufstände der Völker im Süden der Sowjetunion. Dort forderten die Völker ihre eigene Emanzipation, nachdem sie gegen die zaristische Terrorherrschaft verlustreich, aber siegreich gekämpft hatten. 1921 wurde von der Roten Armee sogar von Deutschland geliefertes Giftgas in der Region Tambow eingesetzt. Die Sowjetunion verbreitete die Legende, bei den Aufständen in den südlichen Republiken handele es sich um eine Konterrevolution.

Deutschland verfügte nicht nur über die Technologie des Giftgases, sondern auch darüber, wie man es als Mittel des Völkermordes einsetzt. Deutsche Soldaten und sog. Freiwillige waren offensichtlich mitbeteiligt an der Niederschlagung der aufständischen Völker im Zarenreich bzw. in der Sowjetunion.[11] In den 1920er Jahren belieferte Deutschland auch Frankreich und Spanien mit Giftgas und Anwendungstechnologie zur Massenvernichtung im marokkanischen Rif.

Die Beendigung des Krieges versetzt alle Staaten in Europa in die Lage, ihre Angriffsgebiete im Süden unter Feuer zu nehmen. Auch die Sowjetunion profitiert von der Tatsache, daß von Westeuropa keine Störaktionen gegen ihre Gründung unternommen werden. En Revanche bietet die Sowjetunion den Waf-

---

[10] W.I. Lenin, Imperialismus als höchstes Stadium des Kapitalismus, (1917), S. 12.

[11] In den 1970ern lebten noch deutsche Militärangehörige, welche in den zwanziger und dreißiger Jahren in der Sowjetunion gegen die südlichen Völker eingesetzt waren. Persönlich habe ich viele von ihnen interviewt. Nicht ungern berichteten sie über ihre Operationen im hier dargestellten Zusammenhang.

fenstillstand an der längsten Front des Ersten Weltkriegs an. Deutschland ebenso wie Frankreich und England können alle Kräfte gegen die afrikanischen, asiatischen und arabischen Länder konzentrieren.

Italien greift schon 1919 Libyen, später Äthiopien (Abbessinien) an.

Die Völker des Südens ließen sich nicht beirren. Sie haben damit begonnen, ihre vom Kolonialismus zerstörten Staaten wiederaufzubauen. England und Frankreich meinten, das Rad der Geschichte zurückdrehen zu können. In dem Maß, wie in den einzelnen Regionen der Neustart mit großem Elan begonnen hatte, gingen Frankreich und England mit barbarischer Brutalität gegen die Völker und ihre politischen Organisationen vor. Die Sehnsucht der Menschen nach Freiheit, Unabhängigkeit, Souveränität und Gerechtigkeit sollte zerschlagen und im Keime erstickt werden.

Wir bringen den wohl dramatischsten Fall:

II. Der Krieg gegen das palästinensische Volk

Die Herausgabe der Balfour-Deklaration durch das englische Außenministerium erscheint beim ersten Blick als eine „wohlwollende Erklärung" der englischen Regierung gegenüber der zionistischen Bewegung. Hinter dieser Formalität zeigt die Realität jedoch die Aufnahme eines neuen Leidenskapitels in der Geschichte des palästinensischen Volkes. Zionistische bewaffnete Verbände bauen mit Unterstützung Englands ab 1920 die paramilitärische Organisation „HAGANAH" auf.

Politisch erklärt sich England als Mandatsmacht über Palästina, d.h. formal betrachtet als „Schutzmacht". Darunter versteht England in der Praxis die Ausübung eines unterdrückerischen Systems über die Palästinenser, das sie durch ein Geflecht von Gesetzen politisch entrechtet, steuerlich ausbluten läßt und sie zur „freiwilligen" Auswanderung zwingt, wenn sie nicht aushungern wollen. Die Palästinenser sind eines der ersten Völker, die am deutlichsten und schmerzlichsten die Heuchelei der imperialistischen Staaten erkannten.

Die sogen. Palästinadeutschen sind wieder nach Palästina zurückgekommen. Viele von ihnen wurden in Haifa stationiert. Es war für Deutschland eiliger, Positionen in Palästina zu besetzen und die paramilitärische Organisation IRGUN auszubilden und auszurüsten, als den Wiederaufbau in Deutschland selbst in

Angriff zu nehmen. Rivalität zwischen England und Deutschland hindert beide Staaten nicht daran, sich gegen die arabischen Völker zu verbünden.

III. Weitere europäische Kriege gegen den Süden seit 1919

Auch andere Völker Afrikas und Asiens erkannten, daß sie für die Freiheit der Europäer starben, um ihre eigene jedoch betrogen wurden. Sie erhoben sich in Aufständen für Unabhängigkeit und Freiheit.

Die Sichtweise „Frieden in Europa – Krieg gegen den Süden“ wird nicht in der Geschichtsdarstellung europäischer Autoren vertreten.
Man versucht, den europäisch-europäischen Krieg mit einem großen Manöver bei heißer Munition zu vergleichen, um den eigentlichen Krieg gegen die Völker der Welt zu ignorieren.

Real hat der „Weltkrieg“ gegen den Süden nicht erst mit dem „Ersten Weltkrieg“ begonnen und auch mit ihm nicht aufgehört. Der Krieg der europäischen Staaten gegen Afrika und Asien nahm seit 1919 erneut an Intensität zu. Er ging während der Jahre 1919-1939 weiter. Die arabischen Länder, in denen der antikoloniale, antiimperialistische Widerstand sehr heftig war, waren hart betroffen, doch nicht nur sie.

Man fragt sich, woher England und Frankreich plötzlich so viele Soldaten für den kolonialen Krieg haben. Offensichtlich stützten sich beide Staaten im Krieg gegen Deutschland hauptsächlich auf afroasiatische Soldaten, um ihre eigenen Soldaten für den Krieg gegen Afrika und Asien in Reserve zu halten. Englische und französische Soldaten, welche den Ersten Weltkrieg überlebt haben, wurden nach dem Waffenstillstand von der europäischen Front umgeordert für den Krieg gegen den Süden. Vielleicht haben die Städte Europas das Kriegsende mitbekommen, große Teile der Soldaten aber haben davon nichts gesehen. Sie sind von der Front gegen Deutschland abgezogen worden, um in Syrien, Marokko oder anderen Regionen Afrikas und Asiens von Frankreich und England eingesetzt zu werden. Rasch verteilte sich englisches, französisches, spanisches, portugiesisches Militär auf die Kontinente Asien, Afrika, Mittel- und Südamerika.

Europäische Armeen wurden in alle Kontinente gebracht, um besetzte Regionen zu halten und neue Gebiete zu besetzen. Gleichwohl bewegte sich die Menschheit in allen Kontinenten auf das Ziel Freiheit und Unabhängigkeit hin. Die europäische Strategie wollte die Idee der Freiheit und ihre menschlichen Träger ausrotten. Wo sich Befreiungsbewegungen gegen den Imperialismus erhoben hatten, sollten sie physisch vernichtet werden.

IV. Die anglo-französische Aggression gegen den „Arabischen Fruchtbaren Halbmond" („al-hilāl al-Ḫaṣīb")

Die Länder des Fruchtbaren Halbmondes sind Libanon, Syrien, Irak, Jordanien und Palästina. Kaum hat der europäisch-europäische Krieg in Europa aufgehört, machten England und Frankreich gegen die arabischen Länder in ihrer ganzen Breite mobil, so als hätte Europa den internen Krieg aus dem Grund beendet, ihn gegen andere friedfertige Völker weiterzuführen. Auf einmal sind sie im Besitz von Waffenarsenalen, die bis jetzt nicht in Erscheinung traten. England und Frankreich fokussieren sich auf Schwerpunkte in der arabischen Welt, die in besonderer Weise strategisch und ökonomisch bedeutsam sind.

Das europäische Geschichtswerk suggeriert einen Einmarsch Englands und Frankreichs in eine „geschichtslose und wehrlose" Region, die sie als Erbe des Osmanischen Reiches in Empfang nehmen wollen. Von diesen Geschichtsfälschungen lebt das europäische Bewußtsein heute noch.

V. Der Allgemeine Syrische Nationalkongreß (ASN) 1919-1920

Die Einberufung des Allgemeinen Syrischen Nationalkongresses (ASN) brachte den geeinten Willen des gesamten syrischen Volkes und seines Bestrebens nach Unabhängigkeit, Freiheit und Demokratie zum Ausdruck. Der Kongreß war sehr repräsentativ zusammengesetzt.

Die Syrer hatten offensichtlich geahnt, daß in Europa der Zugriff auf ihren Lebensraum geplant und sie ihrer Freiheit demnächst beraubt werden sollten. Auf diesem Hintergrund mußten sie intensive politische Aktivitäten entfalten, um ihre hart erkämpfte Freiheit zu verteidigen. Sie sorgten dafür, daß die Weltöffentlichkeit als Zeuge ihrer legitimen Hoffnungen auf Unabhängigkeit und Souveränität dasteht. Einladungen des ASN gingen an verschiedene Staaten mit der Bitte um Teilnahme als Beobachter an den Kongreßsitzungen. Somit konnte die gesamte Welt bezeugen, daß in Syrien Freiheit und Demokratie herrschen. Staaten der damaligen Welt, einschließlich der USA, entsandten Gastdelegationen. Selbst der damalige US-Präsident Wilson (1913-21), wahrhaft keine Friedenstaube, schickte persönliche Beobachter. Der ASN tagte unter internationaler Beteiligung und großer völkerrechtlicher Legitimation.

Eine Zeitlang schaute die Welt auf Syrien. Bewegt war die Weltöffentlichkeit durch die Sorge, wie der Westen auf den Unabhängigkeitswillen der Völker reagieren wird. Länder, die als Beobachter am Syrischen Nationalkongreß teilnahmen, waren durch Solidarität bewegt. Sie konnten ihre Sorgen nicht verbergen. Leise, aber laut genug, sagten sie: „Hände weg von Syrien".

Die Gründungsversammlung und die ersten Sitzungen des ASN fanden unter breiter internationaler Beteiligung in Damaskus statt. Mit großem Interesse verfolgten die arabische und die Weltöffentlichkeit das historische Ereignis in der Hauptstadt des souveränen Syriens. Die internationale Presse berichtete regelmäßig über den Kongreß, der bald als Schrittmacher der Entwicklung in Asien und Afrika gelten sollte.
Die Charta des ASN wurde verabschiedet und dem Völkerbund übermittelt. Niemand konnte begründete Einwände anmelden und schon gar nicht leugnen, daß Syrien ein souveräner, unabhängiger und demokratischer Staat ist. Hinter Syrien stand die friedliche, zivilisierte Welt, nicht aber die europäische Barbarei.

Syrien sollte keine Zeit gelassen werden, sich über seine historischen und politischen Errungenschaften zu freuen. In Syrien war das Erbe der arabischen Zivilisation lebendig. Genauso wie in anderen arabischen Ländern standen die Syrer zu diesem Zeitpunkt auf einem sehr hohen Niveau des kulturellen, wissenschaftlichen, technischen und industriellen Fortschritts. Seit Jahrhunderten wurden arabische Fachleute auf allen Gebieten zu anspruchsvollen Berufen und zu akademischen Lehrtätigkeiten und anderen fachlichen Leistungen nach Europa berufen.

VI. Das Sykes-Picot-Abkommen (2) – Die Aggressionen Frankreichs und Englands gegen Syrien und den Irak

Auf dem Papier, in Archiven und Geschichtsbüchern erscheint das Sykes-Picot-Abkommen als ein Vertrag über Grenzziehungen und territoriale Aufteilungen. Die Realität und die Praxis zeigen hingegen ein anderes Bild. Die Völker der Region wollten keine fremde Einflußnahme, von welcher Seite auch immer. Das Sykes-Picot-Abkommen sollte diese Aspirationen sabotieren. Es hat nicht nur Grenzen für Länder gezogen, sondern diese auch kolonialistischen Staaten zugewiesen. Zum Beispiel wurde der Irak England zugeteilt und Syrien Frankreich.

England marschiert in den Irak, als wäre dieser ein Land ohne Volk, und wundert sich, daß es dort total unerwünscht ist. Frankreich erfährt die gleiche Ablehnung in Syrien. Statt daß sich die beiden europäischen Staaten auf die Freundschaftsangebote des Fruchtbaren Halbmondes einlassen, leiten sie grausamste Aggressionen gegen Irak und Syrien ein.

Vor der Aggression Frankreichs war Syrien durch den opferreichen Widerstand seiner Bürger von der osmanischen Herrschaft unabhängig geworden. Syrien war frei. Das steht normalerweise nicht im europäischen Geschichtsbuch. Es suggeriert, England und Frankreich hätten das Erbe des Osmanischen Reiches am Verhandlungstisch zugeteilt bekommen. Die Zuteilung verliefe friedlich, niemand fühle sich gestört und keiner habe sich dagegen beschwert. Dort, im europäischen Geschichtsbuch, steht: *„Syrien fiel Frankreich zu"*. (!)

Frankreich macht mobil gegen die Freiheit. Es traut sich keine Bodenkonfrontation mit dem syrischen Widerstand zu. Es führt einen Krieg aus der Luft gegen Syrien mithilfe der Royal Air Force (RAF), die ihm England zur Verfügung stellt, da Frankreich selbst noch nicht über eine eigene Luftwaffe verfügte. Frankreich bombardiert Menschen und Kulturgüter aus der Luft.
Nach dem Bombenkrieg besetzt Frankreich 1920 Damaskus. Die Abgeordneten des Kongresses werden verhaftet und zum großen Teil nach und nach hingerichtet.
Für seine Unterstützung fordert und erhält England den reichsten Teil Syriens – Mosul, das laut Sykes-Picot-Abkommen Frankreich zugeteilt war (1), und Kerkuk – als Interessengebiete zugewiesen. Während zu dem Zeitpunkt – 1920 – Syrien kein einziges Flugzeug hatte, führen Frankreich und England flächendeckende Bombardierungen gegen Syrien durch.

Die Kriege Frankreichs gegen Syrien und Englands gegen den Irak waren von Anfang an Terrorkriege: Sprengung von Versorgungseinrichtungen, Verseuchung von Wasserreservoirs und Außerbetriebsetzung der Nahrungsmittelherstellung. Wenn England und Frankreich Produktionsanlagen nicht unter ihre Gewalt bringen und für aggressive Zwecke umfunktionieren konnten, wurden diese planmäßig gesprengt.

Waffen, die Frankreich gegen Deutschland nicht eingesetzt hatte, tauchen jetzt aus den Arsenalen auf. Davon hatte Frankreich gegen die deutsche Besatzung

keinen Gebrauch gemacht. Nun setzt es das friedliche syrische Volk unter furchtbare Bombardierungen. Wohngebiete gehen in Flammen auf, ganze syrische Ortschaften werden in Schutt und Asche gelegt.
Trotz alledem haben die Syrer auch nicht einen Augenblick vor dem französischen Terror und den Kriegsverbrechen kapituliert. Im Gegenteil, sie intensivieren ihre Abwehrkräfte. Syrien wurde trotzdem zerstört und Frankreich feiert diese Verbrechen gegen ein friedfertiges Volk mit hemmungslosen Siegesorgien.

Währenddessen solidarisieren sich die Völker des gesamten Südens mit dem schwergeprüften Volk. Freiheitskämpfer aus den Nachbarländern eilen den heimgesuchten Syrern zur Hilfe.

Analog zu Frankreich leitete England seit 1920 Massenverbrechen gegen das irakische Volk ein. Die Royal Air Force (RAF) setzte den Irak unter flächendeckende Bombardierungen. Der arabische Widerstand gegen die europäischen Invasoren war sehr heftig. Freiwillige Kämpfer mußten tagelange Märsche durch die syrische Wüste in glühender Hitze auf sich nehmen, um solidarisch an der Seite der Syrer und Iraker zu stehen.

Hier wird zum ersten Mal die Luftwaffe als Mittel der Widerstandsbekämpfung eingesetzt, um die Solidarität der meist zu Fuß reisenden Kämpfer zu vereiteln. Die englische Regierung beorderte die RAF, an der Seite Frankreichs Syrien zu bombardieren. Die RAF-Piloten holen die freiwilligen Antiimperialisten, die seit Tagen auf dem Marsch zum Zweistromland sind, in der Wüste ein, um sie aus der Luft zu liquidieren.

VII. Der Versailler Friedensvertrag und der Völkerbund

a) Der Völkerbund

Das blutige Erlebnis der Völker mit der europäischen Barbarei brachte sie auf die Idee, alle Länder der Welt in einem Verband zusammenzuschließen, wo Beschlüsse gegen Aggression, Invasion und Krieg für die Unversehrtheit, Unverletzlichkeit, Nichteinmischung in die inneren Angelegenheiten anderer Länder gefaßt und für alle Staaten verbindlich werden sollten. Dieser Appell ist an die europäischen Staaten ergangen. Die Initiative bedeutete aber, daß sowohl die aggressiven als auch die Opferstaaten in diesem Verband nebeneinander sitzen und gleichberechtigt verhandeln müssen. Diese rissen bald die Initiative an sich und kehrten sie ins Gegenteil um. Die Europäer forderten: Ausschließlich „unabhängige Staaten“ haben das Recht, Mitglieder dieser zu gründenden Weltorganisation zu sein. Eine solche Organisation hätte eigentlich nur dann einen Sinn, wenn die betroffenen heimgesuchten Völker die Aggressoren anklagen und verurteilen können, nicht aber, daß die gewalttätigen Staaten selbst den Richterstuhl belegen.

Bald wurde die vorgeschlagene Weltorganisation tatsächlich ins Leben gerufen. So wurde am 14. 02. 1919 die Gründung eines „Völkerbundes" vereinbart. Seine Satzung bildet einen Kernaspekt des Versailler Vertrags (Akte V). Die Pariser Friedenskonferenz vom 20. Januar 1920 proklamierte die Konstitution des „Völkerbundes" („Societé des Nations", „League of Nations", „[c]Usbat al-Umam") auf der Basis des Beschlusses vom 14.02.1919.

Der Völkerbund schloss die Mehrheit der Weltbevölkerung, weil abhängig, vom Völkerbund aus. Dabei sollten – sinnvollerweise – gerade die angegriffenen Staaten dort Sitz und Stimme haben, um ihre Rechte wiederzuerlangen. Eben diese Staaten brauchten den „Völkerbund", und nicht die, welche militärisch mächtiger und aggressiver waren. Dieses Prinzip konnte nicht gegen die kolonialistischen Staaten durchgesetzt werden. Der Völkerbund wurde von seiner offiziellen Gründung an zu einem Club imperialistischer Staaten und Interessen. Unter dem heuchlerischen Anspruch, die Staaten des Südens zu „schützen", legitimierte der Völkerbund Besatzung und Ausbeutung.

Man muß sich in den historischen Kontext hineinversetzen, um sich den Handlungsbedarf für den Völkerbund zu vergegenwärtigen. Selbstverständlich hatte man bei den europäischen Staaten großes Interesse daran, daß Konventionen getroffen wurden, um die Grausamkeiten, wie sie während des europäisch-europäischen Kriegs verübt wurden, künftig anders zu regeln.

Man muß sich über den Umstand wundern, dass im Völkerbund jene Mächte saßen, welche die übelsten Vernichtungswaffen, welche die Menschheit je gekannt hatte, rücksichtslos einsetzten. Der Völkerbund tagte über Massen von Leichen. Nichts lag dagegen für die Völker des Südens näher als die Forderung, den Krieg für immer zu ächten, Waffenproduktion zu verbieten und ohne Rüstung zu leben.

Die Überlegungen der kriegführenden Staaten, die nunmehr den Völkerbund beherrschten, waren vielmehr die folgenden:
Militarisierung: ,Ja' zu den Waffen, ,Ja' zur Hochrüstung der imperialistischen Staaten, Kriege müssen sein, Krieg muß machbar bleiben!

Der erste Weltkrieg und der Süden

Im Ersten Weltkrieg sind furchtbare Waffen produziert und Verbrechen begangen worden. Menschen, welche den Krieg überlebten, haben mit Entsetzen und Empörung auf die Tötungslust reagiert. Der Völkerbund achtete darauf, auf die öffentliche Meinung in Europa Rücksicht zu nehmen. Es wurden Regelungen getroffen, die europäische, nicht aber die Weltbevölkerung, vor der totalen Vernichtung zu schützen.

Kampfgase und Vergiftung von Menschenmassen besonders in den Städten erschütterten damals die Weltöffentlichkeit. So erklärt sich, daß es schon während des Ersten Weltkriegs und unmittelbar danach ein weltweites Bewußtsein gegen Krieg schlechthin gab. Der Konsens lautete: Mit dem Jahr 1918 ist nicht ein Krieg zu Ende gegangen; vielmehr muß er der letzte aller Kriege gewesen sein. So etwas hat nie wieder zu geschehen. So hätte der Völkerbund seinen Beschluß zu den Kriegsverbrechen fassen sollen.

Es waren die beiden kolonialistischen Staaten England und Frankreich, die beiden Sieger des Ersten Weltkriegs, welche das Statut des Völkerbundes diktierten. Die Satzung reflektierte ihre eigenen, aber auch die gesamtimperialistischen Interessen. Sie entwarfen ein Statut, das vermeintlich Probleme mit friedlichen Mitteln lösen sollte, aber bei genauer Betrachtung billigte es Aggression, Invasion und Besatzung.

Der Völkerbund war von Anfang an durch „Kommunikationsstörung" gekennzeichnet. Damit meine ich, daß die einen ihn anders verstanden haben als die anderen (vergleichbar mit der heutigen UNO). Die Völker der Welt nahmen an, daß eine Instanz zur Stiftung und Wahrung des Friedens geschaffen wurde. Hingegen instrumentalisierten die imperialistischen Staaten den Völkerbund von Anfang an als Mittel zur Legitimierung ihrer Aggressions- und Besatzungspolitik. Unterdrückung und Ausbeutung sollten völkerrechtlich ein legales Image erlangen.

Der Völkerbund (wie der Sicherheitsrat heute) bediente sich eines Begriffsinstrumentariums, das dem Faustrecht entspricht. Die Begriffe „Mandat" und „Protektorat" sind Beispiele für die semantische Gewalt, die von da an die europäischen Sprachen prägt. Vielfältige Formen der Unterdrückung, Ausbeutung und Verbrechen gegen die Menschlichkeit erlangen euphemische Begriffe, die geeignet sind, die Menschen für das Nachempfinden von Unrecht und Gewalt an anderen Völkern zu desensibilisieren.

England und Frankreich konnten ihre aggressiven Handlungen euphemisch verpackt dem Völkerbund mitteilen, diese je nach Geschmack formulieren, vorlegen und damit als rechtens genehmigen lassen. Der Völkerbund war anfangs allein von England und Frankreich dominiert, später kamen die USA, dann die Sowjetunion hinzu. Er verkündete Weltfrieden, machte aber Kriegspolitik.

Als erste Handlungen ließen sich England und Frankreich durch den Völkerbund Protektorate und Mandate erteilen, um ihre Besatzungen in Afrika und Asien zu „legalisieren".[12]

Ein eklatantes Beispiel dafür ist die Palästinafrage vor dem Völkerbund.

b) Der Völkerbund und Palästina

1917: Im Herbst 1917 besetzt England Palästina.
Am 2. November 1917 gibt England die Balfour-Deklaration heraus.
1920 erklärt England Palästina zum „Britischen Mandatsgebiet".

1920: Der Völkerbund erkennt die englischen Protektoratsverträge an, d.h. England läßt den von ihm selbst aufgestellten Mandatsvertrag durch den Völkerbund anerkennen und sich zur ‚Mandatsmacht' über Palästina ernennen!
Und das, obwohl der Völkerbund das Selbstbestimmungsrecht der Völker proklamiert. Der Mandatsvertrag über Palästina wird gegen den Willen der Palästinenser und der arabischen Völker beschlossen. Das Selbstbestimmungsrecht der Völker wurde tot zur Welt gebracht.

Bei diesem langen Prozeß wurden die Palästinenser nicht gefragt. Dabei handelt es sich um ein Volk, das auf einem viel höheren zivilisatorischen Niveau steht als jene Länder, die es militärisch angreifen.
England begeht Vertragsbruch an dem von ihm selbst erstellten Mandatsvertrag.
Es begeht Verrat am palästinensischen Volk:

a) durch die Herausgabe und Anwendung der Balfour-Deklaration,
b) durch die Repression, welche den Palästinensern ein normales Leben unmöglich macht und sie zur Emigration zwingt.
c) Der Mandatsvertrag über Palästina sagt ausdrücklich, daß „die Rechte der einheimischen Bevölkerung", d.h. der Palästinenser, „nicht angetastet werden dürfen". Genau das Gegenteil hat England zusammen mit der zionistischen Bewegung getan.

---

[12] Vergleiche hier das Kapitel 2, I ‚Der Protektoratskolonialismus'.

Bei all diesen Vergehen erkennt der Völkerbund keinen Handlungsbedarf. Nichts wird unternommen, um sie zu unterbinden.

Eine brutale Politik der Besitzwegnahme von Eigentum der Palästinenser und alle anderen Formen der Entrechtung folgten. Palästinenser wurden einer Höchstbesteuerung bis zur finanziellen Ausblutung unterworfen. Schon in den 1920ern wurde mit der Vertreibung der Palästinenser von ihrem angestammten Boden begonnen.

Auch andere betroffene Völker wurden nicht gefragt, als der Völkerbund ihre Besetzung durch fremde Mächte legalisierte.

Formal hat der Völkerbund bis 1946 bestanden. Eigentlich war er schon lange vor dem Zweiten Weltkrieg handlungsunfähig geworden und hat nur noch ein Scheindasein geführt. Schon beim zentralen Anliegen, den Krieg zu verhindern, versagte er total. Tatenlos, mit den Händen im Schoß, schaute der Völkerbund zu, als Deutschland ab 1938 ein Land nach dem anderen annektierte und seine Aggressionen in alle vier Himmelsrichtungen entfesselte.[13]

Entgegen den Darstellungen von Autoren, welche den Völkerbund als Errungenschaft der Friedensaktivitäten europäischer Staaten darstellen, ist festzustellen, daß er während seines ganzen Bestehens stets vom Imperialismus beherrscht war. Der sogenannte Völkerbund wurde von Beginn an als Mittel der Kolonialpolitik und ihrer Etablierung funktionalisiert.

VIII. Die Kontinuität vom Ersten zum Zweiten Weltkrieg

Mit dem Ende des europäisch-europäischen Kriegs 1918 hat Frankreich den Rücken frei für Aggressionen gegen die arabischen und afrikanischen Völker. Es muß sich mächtig überschätzt haben. Es wurde mit einem Widerstand konfrontiert, über den es nicht Herr sein konnte. Die heimgesuchten Völker boten ihm friedliche Beziehungen, Zusammenarbeit und Austausch von Interessen an. Das aber war für Frankreich nicht genug.

Die Universalistische Geschichtstheorie[14] stellt sich die Aufgabe, Geschichtsmanipulationen zu korrigieren und neue Legendenbildungen zu entmythologi-

---

[13] Auszüge aus dem Statut des Völkerbundes mit einem Kommentar siehe: Khella, in: „Sie kommen wieder", 1991-92, S. 46 ff., publiziert im Theorie und Praxis Verlag, Hamburg 1991. Man achte dabei auf den rassistisch formulierten Herrschaftsanspruch der europäischen Verfasser.

[14] vergl. K. Khella, Die Universalistische Erkenntnis- und Geschichtstheorie, Theorie und Praxis-Verlag 2008.

sieren. Zu den gefährlichen Manipulationen von Geschichte zählt die Kriegsdarstellung während der ersten Hälfte des zwanzigsten Jahrhunderts. Zur These der „Kontinuität des europäischen Kriegs gegen die Menschheit bis zum Ersten und nach dem Ersten Weltkrieg", nämlich daß mit dem Ersten und dem Zweiten Weltkrieg der Krieg weder begonnen noch beendet wurde, fahren wir fort.

Den beiden führenden kolonialistischen Staaten nach dem Ersten Weltkrieg, England und Frankreich, sind von allen Staaten des Südens Vorschläge zur politischen, unblutigen Lösung der kolonialen Frage unterbreitet worden. Dabei achteten die afroasiatischen Völker darauf, die Interessen der Europäer weitestgehend zu berücksichtigen.
Statt sich auf die friedliche Koexistenz und das Kooperationsangebot einzulassen, wandte sich Frankreich an England. Es war jene Macht, welche zu jenem Zeitpunkt die stärkste Luftwaffe besaß. Frankreich plante, die Menschen in den Aufstandsgebieten aus der Luft auszurotten. England erkannte seinen Vorteil. Für seine Dienste wollte es den Löwenanteil.

Die weiter oben von uns ausführlich dargestellte syrische Frage ist ein schlagendes Beispiel dafür. Frankreich stand 1919 vor der Wahl: Ein freies Syrien den Syrern überlassen oder zusammen mit England die Aggression fortsetzen. Darüber verhandelten Frankreich und England im Jahr 1919. England forderte: Wenn nun Frankreich Elsaß-Lothringen bekommen wolle, solle es seine Ansprüche in Syrien reduzieren.[15] Frankreich hatte die Wahl: Sich mit den Syrern zu einigen oder den Weg des Völkermordes zu gehen. Es verweigerte den menschlichen Weg und entschied sich für Konzessionen gegenüber England. Erstens war es auf die militärische Hilfe Englands, besonders in bezug auf den Einsatz der englischen Luftwaffe RAF, angewiesen. Zweitens sollte Elsaß-Lothringen wieder Frankreich angegliedert werden. Widerwillig mußte Frankreich den englischen Deal akzeptieren. Daraufhin stimmte England seinem Begehren zu: Das syrische Volk in den Aufstandsgebieten solle von der R.A.F. ausgelöscht werden.
Der Preis war:

a) Die Landverteilung der arabischen Gebiete wurde im dargelegten Sinne verändert. Die Grenze zwischen Syrien und Irak wurde auf die heutige Linie verlegt. Ein traditionell syrisches Gebiet mit den Städten Mosul, Kerkuk und ihren Umgebungen ist von nun an im Tausch gegen Elsaß-Lothringen irakisch geworden, um so unter englischen Einfluß zu kommen.

[15] Im Gegenzug dafür erlangt Frankreich die Rückgliederung von Elsass-Lothringen an Frankreich (seit 1871 war dies Deutschland angegliedert worden)

b) Die deutsch-französische Grenze wurde zugunsten Frankreichs korrigiert, laut Versailler Vertrag 1919/1920.

Die Eingliederung von Elsaß und Lothringen an Frankreich gemäß dem Versailler Vertrag stand also in eindeutigem Zusammenhang mit den expansionistischen Zielen der beiden imperialistischen Staaten.[16]

Das Sykes-Picot-Abkommen ist auch sonst mehrfach geändert worden. Wir haben nur einige Aspekte der Nachkriegsregelungen exemplarisch behandelt, um die Praxis des Sykes-Picot-Abkommens am Beispiel zu illustrieren.

Initiativen der Länder des Südens

Mit dem Ende des europäisch-europäischen Kriegs im Jahr 1918 verstärken sich erneut die Initiativen des Südens gegenüber den kolonialistischen Staaten, um sie an ihre Versprechen zur Beendigung von Aggression und Besatzung zu erinnern. In Afrika, im arabischen Raum, in Indien und in ganz Asien entfaltet sich in der Öffentlichkeit eine breite antiimperialistische Bewegung mit der Hauptforderung der uneingeschränkten und bedingungslosen Unabhängigkeit. Die kolonialistischen Staaten sollen ihre Truppen abziehen und die Souveränität anderer Völker respektieren. Zahlreiche Kongresse für Befreiung und Unabhängigkeit finden statt.

In der weiteren Entwicklung entfalten England und Frankreich ihrerseits eine subtile Hinhaltetaktik. Sie versprechen eine Regelung, ohne daß eine stattfindet. Sie vereinbaren Abzugspläne, ohne daß ein Abzug geschieht. Eine endlose Kette von Unabhängigkeitskonferenzen folgt. Auf der einen Seite des Verhandlungstisches sitzen die Vertreter Frankreichs, auf der anderen die Delegation des jeweiligen arabischen, afrikanischen oder asiatischen Landes. England wendet ebenfalls die gleiche Verhandlungsstrategie an. Mit großen Hoffnungen reisen die Delegationen aus Afrika nach Paris oder London. Mit großen Erwartungen verfolgen die Völker die Nachrichten. Zynisch und menschenverachtend lassen die kolonialistischen Staaten die Völker hoffen und enttäuscht werden. Substantielle Änderungen treten nicht ein.

Es hat nicht lange gedauert, bis die Friedenseuphorie und der Traum von einer politischen Lösung der kolonialen Frage in Asien und Afrika erloschen sind.

Auch die ägyptischen Parteien hatten ihre Stimmen in Wort und Schrift laut erhoben. Sie verbreiteten ihr humanistisches Gedankengut nicht nur im arabischen Sprachmedium, sondern ebenso in europäischen Sprachen, auch in Deutsch. Sie

---

[16] Teile II und III des Versailler Vertrags.

publizierten Presseorgane und Periodika, um ihre friedenspolitischen Initiativen und freiheitlichen Ideen in die Welt zu tragen. Versuchte ausländische Einflußnahme, sich mit dem Status quo abzufinden, hinderte die Araberinnen und Araber nicht daran, gegen die imperialistischen die nationalen Interessen konsequent zu vertreten und entschlossen zu verteidigen.

Während der Imperialismus weiterhin die Völker des Süden unter Druck zu halten bestrebt war, ständig Spannungen schürte und Provokationen inszenierte, setzte er sich dafür ein, daß *innerhalb Europas* Frieden und Ruhe einkehren.

IX. Diskussion

Frage: Auf dem Hintergrund Deiner Ausführungen drängt sich die Frage auf: Wenn die europäischen Kriegsparteien keine realen Gegner, sondern heimliche Verbündete waren, wie lassen sich die Fronten richtig darstellen?

Khella: Ein Krieg, erst recht ein Weltkrieg, ist ein komplexes Geschehen. Er ist nie monokausal und nicht monofinal. Ebenso komplex sind die Szenarien. Um diese zu dechiffrieren, sollen wir uns nicht an der Performance orientieren, sondern analytisch tiefer vordringen. Die Logik der Tatsachen ist jeder anderen Logik überlegen.

Es trifft zu, daß Frankreich und England gegenüber Deutschland als Feinde aufgetreten sind. So war es jedenfalls gemäß dem im voraus entworfenen Kriegsszenario, folglich an der Front und auf den Schlachtfeldern. Daß England und Deutschland keine wirklichen Feinde waren, ergibt sich schon aus der Tatsache, daß England dreißig Jahre später Deutschland die Kriegsschulden erlassen hat. Noch überzeugender ist die Tatsache, daß England und Frankreich auf der einen und Deutschland auf der anderen Seite von dem Ersten zum Zweiten und vom Zweiten zum Nach- und Vorkriegskrieg immer enger und fester zusammengearbeitet haben. Seit dem Ende des Zweiten Weltkriegs ist selbst die militärische Zusammenarbeit immer offenkundiger.

Unter dem Motto „scheinbare Feinde – reale Verbündete" standen sie bei jedem weiteren Krieg, Seite an Seite, einig an der Front. Sie schießen gemeinsam gegen den erklärten Feind, der immer im Süden lebt.

Deutschland auf der einen Seite, England und Frankreich auf der anderen Seite, traten auf dem Schachbrett einander als Feinde gegenüber. Gleichwohl hatten sie gemeinsame Interessen am Krieg. Die Verbündeten teilten sich in Alliierte und Feinde. Ohne diese Arbeitsteilung wäre ein Krieg nicht möglich gewesen. Das bedeutet aber nicht, daß sie keine Gegensätze hätten. Sie rivalisierten miteinander real, jedoch nicht um den Preis, sich gegenseitig zu vernichten. Der europäisch-europäische Krieg war ein Rollenspiel, aber kein Schauspiel – auch nicht ein Schauspiel mit heißen Waffen. Eher war er eine Europameisterschaft /EM, bei der sich die Teilnehmer für die Weltmeisterschaft/WM qualifizieren. Wer diesen Krieg militärisch gewinnt, steigert seinen Anteil gemäß seiner Punktzahl an der globalen Beute.

Der Vergleich ist auch in anderer Hinsicht zulässig. Fußballvereine haben ihre Träger und Sponsoren. Die Kriegsmacher treten nicht in Erscheinung. Die Herren des „militärisch-industriellen Komplexes (MIK)" überlassen den Politikern den Vortritt vor den Medien und Kameras.

Daß die Soldaten des einen Landes überzeugt waren, daß sie gegen einen wirklichen, unversöhnlichen Feind kämpfen und ihre Nachbarvölker aus Überzeugung töteten, tut dieser Feststellung keinen Abbruch. Umso trauriger ist es.

Frage: Deine Ausführungen desillusionieren und klären uns auf. Gab es wirklich, wenigstens nur in Europa, nicht einen Frieden zwischen 1918 und 1939?

Khella: Leider nicht! Die angebliche Friedenszeit war nur eine Vorbereitungszeit für den nächsten Krieg – auch in Europa. Die Zeitspanne von Zwanzig Jahren (1919-1939) ist biologisch bedingt. Der Tod von Massen junger Menschen stellt das Militär vor das Problem, daß es keine Rekruten mehr gab.

Es ist eine grundsätzliche Feststellung, daß der Weltkrieg nicht erst 1914 begonnen hat.[17] Auch 1945 sind wir noch nicht am Ende des Weltkriegs. Die numerische Systematik „Erster" und „Zweiter" ist eine reine Geschichtsmanipulation. Bei einigen Stationen müssen wir uns aus Zeitgründen lediglich auf exemplarische Fälle beschränken.

Ich würde es sehr begrüßen, wenn Ihr für Diplomarbeiten, Dissertationen und andere Studienprojekte Themen aus dem Bereich „Krieg und Frieden" wählt. Es ist klar, daß auf dem Gebiet der Geschichtsrevision noch sehr viel zu tun ist.

---

[17] siehe Karam Khella, Imperialismus heute, Hamburg 2012; Kapitel: Kriege bis heute

Karam Khella

Über den Krieg

Von den Kreuzzügen bis zur Invasion Afrikas und Asiens

Behandelter Zeitraum: 750-1885

ISBN 978-3-939710-03-5 10 €

(In Vorbereitung)

Erster Weltkrieg und der Süden

Mythen und Realität

Behandelter Zeitraum: 1885-1933

ISBN 978-3-939710-04-2 80 Seiten 10 €

1. Auflage 2016

Zweiter Weltkrieg

Geschichte und Legende

Behandelter Zeitraum 1933-45

ISBN 978-3-939710-05-9 200 Seiten 12 €

nur als Arbeitsmaterialien zu erwerben.

Überall, jederzeit, mit allen Waffen

Imperialismus heute

Krieg und Frieden

Behandelter Zeitraum: 1945 bis zur Gegenwart

ISBN 978-3-939710-06-6 406 Seiten 22 €

3. Auflage 2012

Chronik des Krieges

– seit einem Jahrtausend

ISBN 978-3-939710-23-3 74 Seiten 9 €

1. Auflage 2015

Risala

Zeitschrift für Theoriebildung, Geschichtsrevision und antiimperialistische Solidarität

Heft Nr. 5
Schwerpunkt: Imperialismustheorie
Länderberichte zu Afghanistan,
Irak, Palästina, Kongo u.a.

15 €

Heft Nr. 6
Schwerpunkt: Irak

12 €

Heft Nr. 7
Schwerpunkt: Krieg

12 €

Heft Nr. 8
LügeMachtKrieg

16 €

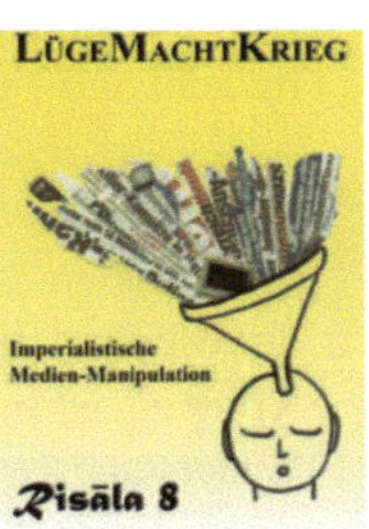

Zu bestellen über den
Theorie und Praxis Verlag
oder über die

Risala-Redaktion
Arbeitskreis Süd-Nord
info@aksuednord.org

Das ‚Bündnis gegen den Krieg –Hände weg von Syrien' (Basel-Wien-Hamburg) hat zusammen mit dem Theorie und Praxis Verlag eine **Ausstellung mit dem Thema ‚LügeMachtKrieg'** erstellt.

Die Ausstellung mit 25-30 Plakaten in DIN A1 Format
(ein Plakat misst 60x85 cm) ist gerne für Ausstellungszwecke gegen geringe Gebühr zu verleihen oder alternativ als PDF-Datei zu bekommen.

Anfragen bitte über den TuP-Verlag,
info@tup-verlag.com
oder das Bündnis gegen den Krieg,
buendnis.gegenkrieg@gmx.net.

LügeMachtKrieg
Macht Lüge Krieg?
Ja, LÜGE-MACHT-KRIEG!
Aber die Lüge kann durchschaut,
die Macht kann gebrochen, der
Krieg kann verhindert werden.

Wir haben die Wahl:

Die Wahrheit

Show

Lüge Macht Krieg
macht Lüge Krieg?
Krieg durch Lüge und Medienmanipulation?
Kriege ich durch die Macht der Lügen ein Durcheinander im Kopf?

Die Medienlügen dienen dazu, das Gewissen der Menschen in den Aggressorenstaaten ruhig schlafen zu lassen.
Ja, LÜGE – MACHT – KRIEG!
Aber: Die Lüge kann durchschaut, die Macht kann gebrochen, der Krieg kann verhindert werden!

LÜGE - MACHT - KRIEG
Eine Ausstellung von "Hände weg von Syrien - Bündis gegen den imperialistischen Krieg"

Die gleichnamige **Risāla Nr.8: ‚LügeMachtKrieg – imperialistische Medienmanipulation'** weist in vielfältigen Beiträgen nach, dass es erst die Lüge braucht, um einen Angriffskrieg anzuzetteln.

Ausstellung und Buch geben dabei einen Blick hinter die Kulissen der Meinungsmacher, sie zeigen Muster der Manipulation auf und bringen Beispiele, wie der Krieg zuerst in die Köpfe eingepflanzt wird, um allen Widerstand gegen den Krieg zu blockieren.

Das Buch kostet 16,- €
und ist über den TuP-Verlag zu beziehen.